하루하루 매일의 기록은
기적의 삶을 선물할 것입니다.
허) 대중 드림

MIRACLE
365

미라클
MIRACLE
365

허대중 지음

책과나무

책소개

기록은 기적이 된다

비전*Vision*

오늘의 작은 비전들이 쌓이고 쌓여

미래의 멋진 비전이 완성됩니다.

사랑*Love*

배려와 섬김, 선행과 용서 등의 사랑을 베풀어

세상을 아름답게 합니다.

가족, 지인, 이웃, 사회, 국가, 인류를 사랑함은

사람이 추구할 고귀한 가치입니다.

반성*Reflection*

완벽한 사람도, 완벽한 삶도 없습니다.

반성은 잘못된 것을 되풀이하지 않게 합니다.

반성은 부족함을 채우고 성장의 밑거름이 됩니다.

감사*Thanks*

행복은 감사의 문으로 들어옵니다.

감사가 습관이 되면 여기저기 감사의 소재가 넘쳐납니다.

고난에도 감사하면 눈물도 기쁨입니다.

감사하면 삶이 사랑스럽습니다.

Prologue

프롤로그

『미라클 365』는

하루하루를 계획하고 뒤돌아보면서

매일의 성장과 행복을 이끄는

마법 같은 성공의 길잡이 역할을 할 뿐만 아니라

개인의 역사를 정성스럽게 기록해 나감으로써

스스로 쓰고, 스스로 만들어 가는

세상에 단 하나뿐인 자신만의 책을 집필하는

뜻깊은 여정이기도 합니다.

또한 『미라클 365』는

매일매일 기록된 삶의 발자취를 통해

가정에서, 학교에서, 회사에서, 공동체에서

매일, 매주, 혹은 매월

정해진 시간에 구성원들과

'소통과 교제의 소재'로 활용할 수 있는

멋진 커뮤니케이션의 도구입니다.

기록이 만드는 기적

Miracle 1

"쉬지 말고 기록하라.
기억은 흐려지고 생각은 사라진다.
머리를 믿지 말고 손을 믿어라."

다산 정약용

Miracle 2

하루는 아들 피터가 손에 종이 한 장을 든 채
매우 당황해하며 내게 다가왔다.
"엄마, 방 청소를 하다가 이걸 찾았어요.
2년 전에 썼던 거예요. 그런데 지금 보니 신기하게도
이 목록에 적혀 있는 일들이 다 이루어졌네요.
썼다는 사실조차 잊어버리고 있었는데…."

헨리에트 앤 클라우저, 『종이 위의 기적, 쓰면 이루어진다』 중에서

Miracle 3

"기록은 행동을 지배합니다.

글을 쓰는 것은 시신경과 운동 근육까지 동원되는 일이기에 뇌리에 더 강하게 각인됩니다. 결국, 우리 삶을 움직이는 것은 우리의 손인 것입니다."

호아킴 데 포사다 『마시멜로 이야기』의 저자

Miracle 4

"감사 일기를 쓰면서부터 내 인생은 완전히 달라졌어요. 저는 비로소 인생에서 소중한 것이 무엇인지, 삶의 초점을 어디에 맞춰야 하는지 알게 되었죠."

"'나는 감사할 게 전혀 없어'라고 항상 생각해 온 저도 감사 일기를 쓰고 하루 만에 많은 게 변화되는 걸 느꼈고, 그 작은 변화가 제 모든 걸 바꾸는 데는 그리 긴 시간이 걸리지 않았습니다.

감사 일기를 알게 된 것에 감사할 따름입니다."

오프라 윈프리

Instructions

10

사용설명서

『미라클 365』 구성

상단: 저자가 쓴 365개의 '오늘의 격언'

본문: 매일의 비전, 사랑, 반성, 감사

하단: 기록한 날짜

『미라클 365』 기록하는 방법

새해의 1월 1일부터 매일 기록합니다.

기록하지 못한 날은 다음 연도의 그날에 기록합니다.

새해에 시작하지 못했다면?

시작한 날짜부터 365일 동안 기록합니다.

비전은 전날 밤이나 당일의 아침에 계획하여 기록하고

사랑, 반성, 감사는 하루를 돌아보며

저녁이나 밤에 기록합니다.

여러분이 읽고 써 내려간

『미라클 365』라는 한 권의 책을 통해

365일, 매일의 '성장과 행복의 기적'을

멋지게 경험하길 응원합니다.

또한 『미라클 365』라는 매일의 기록을 통해

세상에 하나뿐인 자신만의 귀한 책도 만들고

다양한 공간에서

소통과 교제의 유용한 도구로도 활용하는

특별하고도 귀한 기록의 여정이 되기를 기원합니다.

Miracle 1

시작은 희망을 향해 달려간다.

The begiuns toward hope.

이루고 싶은 오늘의 비전*Vision*

오늘을 살면서 누군가 또는 세상에 전한 사랑*Love*

오늘을 돌아보며 부족했던 점에 대한 반성*Reflection*

오늘 나에게 행복이 되어 준 감사*Thanks*

Date. 20   .   .

God bless you

Miracle 2

기록하는 것은 소중한 역사가 된다.
Recording becomes a valuable history.

이루고 싶은 오늘의 비전*Vision*

오늘을 살면서 누군가 또는 세상에 전한 사랑*Love*

13

오늘을 돌아보며 부족했던 점에 대한 반성*Reflection*

오늘 나에게 행복이 되어 준 감사*Thanks*

Date. 20 . .

God bless you

Miracle 3

매일의 비전이 쌓여 인생의 비전이 된다.

A daily vision builds up and becomes a vision of life.

이루고 싶은 오늘의 비전*Vision*

오늘을 살면서 누군가 또는 세상에 전한 사랑*Love*

오늘을 돌아보며 부족했던 점에 대한 반성*Reflection*

오늘 나에게 행복이 되어 준 감사*Thanks*

Date. 20   .   .

God bless you

Miracle 4

사랑은 인류와 세상을 향한 선한 영향력이다.

Love is a good influence on humanity and the world.

이루고 싶은 오늘의 비전*Vision*

오늘을 살면서 누군가 또는 세상에 전한 사랑*Love*

15

오늘을 돌아보며 부족했던 점에 대한 반성*Reflection*

오늘 나에게 행복이 되어 준 감사*Thanks*

Date. 20 . .

God bless you

Miracle 5

깊은 반성은 변화를 이끈다.
Deep reflection leads to change.

이루고 싶은 오늘의 비전*Vision*

오늘을 살면서 누군가 또는 세상에 전한 사랑*Love*

16

오늘을 돌아보며 부족했던 점에 대한 반성*Reflection*

오늘 나에게 행복이 되어 준 감사*Thanks*

Date. 20   .   .

God bless you

Miracle 6

감사의 습관은 삶에 행복을 공급한다.
The habit of appreciation supplies happiness in life.

이루고 싶은 오늘의 비전*Vision*

오늘을 살면서 누군가 또는 세상에 전한 사랑*Love*

오늘을 돌아보며 부족했던 점에 대한 반성*Reflection*

오늘 나에게 행복이 되어 준 감사*Thanks*

Date. 20   .   .

God bless you

Miracle 7

기회와 행운은 스스로 만든다.

Opportunities and luck make themselves.

이루고 싶은 오늘의 비전*Vision*

오늘을 살면서 누군가 또는 세상에 전한 사랑*Love*

18

오늘을 돌아보며 부족했던 점에 대한 반성*Reflection*

오늘 나에게 행복이 되어 준 감사*Thanks*

Date. 20 . .

God bless you

Miracle 8

거의 죽을 만큼 노력하는 것이 최선이다.
It's best to try almost to death.

이루고 싶은 오늘의 비전*Vision*

오늘을 살면서 누군가 또는 세상에 전한 사랑*Love*

오늘을 돌아보며 부족했던 점에 대한 반성*Reflection*

오늘 나에게 행복이 되어 준 감사*Thanks*

Date. 20 . .

God bless you

Miracle 9

가능은 불가능에서 시작된다.

Possibilities begin with impossibility.

이루고 싶은 오늘의 비전*Vision*

오늘을 살면서 누군가 또는 세상에 전한 사랑*Love*

20

오늘을 돌아보며 부족했던 점에 대한 반성*Reflection*

오늘 나에게 행복이 되어 준 감사*Thanks*

Date. 20   .   .

God bless you

Miracle 10

오늘은 부와 명예보다 값진 재산이다.

Today is worth more than wealth and honor.

이루고 싶은 오늘의 비전*Vision*

오늘을 살면서 누군가 또는 세상에 전한 사랑*Love*

오늘을 돌아보며 부족했던 점에 대한 반성*Reflection*

오늘 나에게 행복이 되어 준 감사*Thanks*

Date. 20 . .

God bless you

소망은 간절히 구하고 찾아야 이뤄진다.

Wishes come true when desperately ask and seek.

이루고 싶은 오늘의 비전*Vision*

오늘을 살면서 누군가 또는 세상에 전한 사랑*Love*

오늘을 돌아보며 부족했던 점에 대한 반성*Reflection*

오늘 나에게 행복이 되어 준 감사*Thanks*

Date. 20   .   .

God bless you

Miracle 12

무능한 사람은 실수를 반복한다.

Incompetent people repeat mistakes.

이루고 싶은 오늘의 비전*Vision*

오늘을 살면서 누군가 또는 세상에 전한 사랑*Love*

오늘을 돌아보며 부족했던 점에 대한 반성*Reflection*

오늘 나에게 행복이 되어 준 감사*Thanks*

Date. 20 . .

God bless you

Miracle 13

성공의 가장 무서운 적은 게으름이다.

The scariest enemy of success is laziness.

이루고 싶은 오늘의 비전*Vision*

오늘을 살면서 누군가 또는 세상에 전한 사랑*Love*

오늘을 돌아보며 부족했던 점에 대한 반성*Reflection*

오늘 나에게 행복이 되어 준 감사*Thanks*

Date. 20 . .

God bless you

Miracle 14

지구의 주인공은 나 자신이다.
The protagonist of the earth is myself.

이루고 싶은 오늘의 비전*Vision*

오늘을 살면서 누군가 또는 세상에 전한 사랑*Love*

오늘을 돌아보며 부족했던 점에 대한 반성*Reflection*

오늘 나에게 행복이 되어 준 감사*Thanks*

Date. 20   .   .

God bless you

감사는 불만을 밀어내고 만족을 부른다.

Appreciation pushes out discontent and calls for satisfaction.

이루고 싶은 오늘의 비전*Vision*

_____

_____

오늘을 살면서 누군가 또는 세상에 전한 사랑*Love*

_____

_____

오늘을 돌아보며 부족했던 점에 대한 반성*Reflection*

_____

_____

오늘 나에게 행복이 되어 준 감사*Thanks*

_____

_____

Date. 20 .   .

God bless you

오늘의 한 걸음은 내일의 열 걸음이다.

Today's one step is tomorrow's ten steps.

이루고 싶은 오늘의 비전*Vision*

오늘을 살면서 누군가 또는 세상에 전한 사랑*Love*

27

오늘을 돌아보며 부족했던 점에 대한 반성*Reflection*

오늘 나에게 행복이 되어 준 감사*Thanks*

Date. 20 . .

God bless you

Miracle 17

기회는 준비된 사람을 기다린다.

Opportunities await those who are ready.

이루고 싶은 오늘의 비전*Vision*

오늘을 살면서 누군가 또는 세상에 전한 사랑*Love*

오늘을 돌아보며 부족했던 점에 대한 반성*Reflection*

오늘 나에게 행복이 되어 준 감사*Thanks*

Date. 20   .   .

God bless you

도전하면 구경꾼에서 주인공으로 바뀐다.

If you try, you change from a spectator to a main character.

이루고 싶은 오늘의 비전*Vision*

_____

_____

오늘을 살면서 누군가 또는 세상에 전한 사랑*Love*

29

_____

_____

오늘을 돌아보며 부족했던 점에 대한 반성*Reflection*

_____

_____

오늘 나에게 행복이 되어 준 감사*Thanks*

_____

_____

Date. 20 . .

God bless you

열정은 성장의 사다리이다.

Passion is the ladder of growth.

이루고 싶은 오늘의 비전*Vision*

오늘을 살면서 누군가 또는 세상에 전한 사랑*Love*

30

오늘을 돌아보며 부족했던 점에 대한 반성*Reflection*

오늘 나에게 행복이 되어 준 감사*Thanks*

Date. 20 . .

God bless you

Miracle 20

사색은 아이디어의 샘이다.

Thought is a fountain of ideas.

이루고 싶은 오늘의 비전*Vision*

오늘을 살면서 누군가 또는 세상에 전한 사랑*Love*

31

오늘을 돌아보며 부족했던 점에 대한 반성*Reflection*

오늘 나에게 행복이 되어 준 감사*Thanks*

Date. 20   .   .

God bless you

Miracle 21

반복된 연습은 숙련의 지름길이다.
Repeated practice is a shortcut to proficiency.

이루고 싶은 오늘의 비전*Vision*

오늘을 살면서 누군가 또는 세상에 전한 사랑*Love*

오늘을 돌아보며 부족했던 점에 대한 반성*Reflection*

오늘 나에게 행복이 되어 준 감사*Thanks*

Date. 20   .   .

God bless you

Miracle 22

어제의 해는 지고 오늘 새로운 해가 뜬다.
Yesterday's sun sets and a new sun rises today.

이루고 싶은 오늘의 비전*Vision*

_____

_____

오늘을 살면서 누군가 또는 세상에 전한 사랑*Love*

_____

_____

오늘을 돌아보며 부족했던 점에 대한 반성*Reflection*

_____

_____

오늘 나에게 행복이 되어 준 감사*Thanks*

_____

_____

Date. 20 . .

God bless you

Miracle 23

주도적인 사람은 언제나 한발 앞선다.
A leading man is always one step ahead

이루고 싶은 오늘의 비전*Vision*

오늘을 살면서 누군가 또는 세상에 전한 사랑*Love*

34

오늘을 돌아보며 부족했던 점에 대한 반성*Reflection*

오늘 나에게 행복이 되어 준 감사*Thanks*

Date. 20 . .

God bless you

미루는 습관은 재능을 갉아먹는다.

The habit of procrastination eats away at talent.

이루고 싶은 오늘의 비전*Vision*

오늘을 살면서 누군가 또는 세상에 전한 사랑*Love*

35

오늘을 돌아보며 부족했던 점에 대한 반성*Reflection*

오늘 나에게 행복이 되어 준 감사*Thanks*

Date. 20   .   .

God bless you

풍경도 사람도 멀리서 보면 흠이 없다.

The scenery and people are flawless from a distance.

이루고 싶은 오늘의 비전*Vision*

오늘을 살면서 누군가 또는 세상에 전한 사랑*Love*

오늘을 돌아보며 부족했던 점에 대한 반성*Reflection*

오늘 나에게 행복이 되어 준 감사*Thanks*

Date. 20 . .

God bless you

버리지 못하면 낡은 것들을 모시고 산다.

If you can't throw it away, you live with old things.

이루고 싶은 오늘의 비전*Vision*

오늘을 살면서 누군가 또는 세상에 전한 사랑*Love*

오늘을 돌아보며 부족했던 점에 대한 반성*Reflection*

오늘 나에게 행복이 되어 준 감사*Thanks*

Date. 20 . .

God bless you

Miracle 27

주저하면 늦어진다.

If you hesitate, you will be late.

이루고 싶은 오늘의 비전*Vision*

오늘을 살면서 누군가 또는 세상에 전한 사랑*Love*

38

오늘을 돌아보며 부족했던 점에 대한 반성*Reflection*

오늘 나에게 행복이 되어 준 감사*Thanks*

Date. 20 . .

God bless you

Miracle 28

잠재력은 열정의 노력으로 깨어난다.

Potential is awakened by the effort of passion.

이루고 싶은 오늘의 비전*Vision*

오늘을 살면서 누군가 또는 세상에 전한 사랑*Love*

오늘을 돌아보며 부족했던 점에 대한 반성*Reflection*

오늘 나에게 행복이 되어 준 감사*Thanks*

Date. 20   .   .

God bless you

Miracle 29

무관심이 회초리보다 훨씬 더 아프다.
Indifference hurts a lot more than a whip.

이루고 싶은 오늘의 비전*Vision*

오늘을 살면서 누군가 또는 세상에 전한 사랑*Love*

40

오늘을 돌아보며 부족했던 점에 대한 반성*Reflection*

오늘 나에게 행복이 되어 준 감사*Thanks*

Date. 20 . .

God bless you

Miracle 30

때로는 행동이 생각을 이끈다.
Sometimes action leads to thought.

이루고 싶은 오늘의 비전*Vision*

오늘을 살면서 누군가 또는 세상에 전한 사랑*Love*

오늘을 돌아보며 부족했던 점에 대한 반성*Reflection*

오늘 나에게 행복이 되어 준 감사*Thanks*

Date. 20   .   .

God bless you

Miracle **31**

오늘 나아가지 않으면 내일은 퇴보한다.

If we don't move forward today, we'll regress tomorrow.

이루고 싶은 오늘의 비전*Vision*

오늘을 살면서 누군가 또는 세상에 전한 사랑*Love*

오늘을 돌아보며 부족했던 점에 대한 반성*Reflection*

오늘 나에게 행복이 되어 준 감사*Thanks*

Date. 20 . .

God bless you

Miracle 32

미지근한 것에는 매력이 없다.

There is no charm to tepid things.

이루고 싶은 오늘의 비전*Vision*

오늘을 살면서 누군가 또는 세상에 전한 사랑*Love*

43

오늘을 돌아보며 부족했던 점에 대한 반성*Reflection*

오늘 나에게 행복이 되어 준 감사*Thanks*

Date. 20 . .

God bless you

Miracle 33

걸으면 뛰고 싶고, 뛰면 날고 싶다.

we want to run when we walk, and we want to fly when we run.

이루고 싶은 오늘의 비전*Vision*

_____

_____

오늘을 살면서 누군가 또는 세상에 전한 사랑*Love*

_____

_____

오늘을 돌아보며 부족했던 점에 대한 반성*Reflection*

_____

_____

오늘 나에게 행복이 되어 준 감사*Thanks*

_____

_____

Date. 20   .   .

God bless you

무엇이든 깊이 들여다보면 값진 의미가 보인다.

If you look deep into anything, you can see valuable meaning.

이루고 싶은 오늘의 비전*Vision*

오늘을 살면서 누군가 또는 세상에 전한 사랑*Love*

45

오늘을 돌아보며 부족했던 점에 대한 반성*Reflection*

오늘 나에게 행복이 되어 준 감사*Thanks*

Date. 20　　.　　.

God bless you

Miracle 35

오늘 불평하면 내일은 더 불평한다.

If you complain today, you complain more tomorrow.

이루고 싶은 오늘의 비전*Vision*

오늘을 살면서 누군가 또는 세상에 전한 사랑*Love*

오늘을 돌아보며 부족했던 점에 대한 반성*Reflection*

오늘 나에게 행복이 되어 준 감사*Thanks*

Date. 20   .   .

God bless you

Miracle 36

휘영청 밝은 달이 내면의 소망을 깨운다.

The bright moon awakens the inner wish.

이루고 싶은 오늘의 비전*Vision*

오늘을 살면서 누군가 또는 세상에 전한 사랑*Love*

오늘을 돌아보며 부족했던 점에 대한 반성*Reflection*

오늘 나에게 행복이 되어 준 감사*Thanks*

Date. 20 . .

God bless you

서두르면 처음으로 돌아올 때가 많다.

If you hurry, you often come back for the first time.

이루고 싶은 오늘의 비전*Vision*

오늘을 살면서 누군가 또는 세상에 전한 사랑*Love*

오늘을 돌아보며 부족했던 점에 대한 반성*Reflection*

오늘 나에게 행복이 되어 준 감사*Thanks*

Date. 20   .   .

God bless you

Miracle 38

마음이 맑으면 눈빛도 맑다.

If you have a clear mind, your eyes are clear.

이루고 싶은 오늘의 비전*Vision*

오늘을 살면서 누군가 또는 세상에 전한 사랑*Love*

49

오늘을 돌아보며 부족했던 점에 대한 반성*Reflection*

오늘 나에게 행복이 되어 준 감사*Thanks*

Date. 20 . .

God bless you

Miracle 39

약속은 신뢰와 존중의 표현이다.

A promise is an expression of trust and respect.

이루고 싶은 오늘의 비전*Vision*

오늘을 살면서 누군가 또는 세상에 전한 사랑*Love*

오늘을 돌아보며 부족했던 점에 대한 반성*Reflection*

오늘 나에게 행복이 되어 준 감사*Thanks*

Date. 20 . .

God bless you

Miracle 40

시간이 쌓여 인생이 된다.
Time builds up and becomes a life.

이루고 싶은 오늘의 비전*Vision*

오늘을 살면서 누군가 또는 세상에 전한 사랑*Love*

51

오늘을 돌아보며 부족했던 점에 대한 반성*Reflection*

오늘 나에게 행복이 되어 준 감사*Thanks*

Date. 20 . .

God bless you

비전은 눈을 감아도 보이는 영상이다.

Vision is a video that can be seen even with your eyes closed.

이루고 싶은 오늘의 비전*Vision*

오늘을 살면서 누군가 또는 세상에 전한 사랑*Love*

오늘을 돌아보며 부족했던 점에 대한 반성*Reflection*

오늘 나에게 행복이 되어 준 감사*Thanks*

Date. 20 . .

God bless you

실망하면 포기하고 열망하면 일어선다.

If you are disappointed, you give up and if you are eager, you stand up.

이루고 싶은 오늘의 비전*Vision*

오늘을 살면서 누군가 또는 세상에 전한 사랑*Love*

53

오늘을 돌아보며 부족했던 점에 대한 반성*Reflection*

오늘 나에게 행복이 되어 준 감사*Thanks*

Date. 20   .   .

God bless you

Miracle 43

사람의 향기는 시공간을 초월한다.
The scent of man transcends time and space.

이루고 싶은 오늘의 비전*Vision*

오늘을 살면서 누군가 또는 세상에 전한 사랑*Love*

오늘을 돌아보며 부족했던 점에 대한 반성*Reflection*

오늘 나에게 행복이 되어 준 감사*Thanks*

Date. 20 . .

God bless you

Miracle 44

사랑이 부족한 사람은 용서가 어렵다.

Forgiveness is difficult for those who lack love.

이루고 싶은 오늘의 비전*Vision*

오늘을 살면서 누군가 또는 세상에 전한 사랑*Love*

오늘을 돌아보며 부족했던 점에 대한 반성*Reflection*

오늘 나에게 행복이 되어 준 감사*Thanks*

Date. 20 . .

God bless you

Miracle 45

부드러운 음성은 초콜릿보다 달콤하다.

Soft voice is sweeter than chocolate.

이루고 싶은 오늘의 비전*Vision*

오늘을 살면서 누군가 또는 세상에 전한 사랑*Love*

오늘을 돌아보며 부족했던 점에 대한 반성*Reflection*

오늘 나에게 행복이 되어 준 감사*Thanks*

Date. 20 . .

God bless you

Miracle 46

날마다 돌아봐야 날마다 성장한다.

You have to look back every day to grow up every day.

이루고 싶은 오늘의 비전*Vision*

오늘을 살면서 누군가 또는 세상에 전한 사랑*Love*

오늘을 돌아보며 부족했던 점에 대한 반성*Reflection*

오늘 나에게 행복이 되어 준 감사*Thanks*

Date. 20 . .

God bless you

완벽은 신의 영역에 도전하는 것이다.
Perfection is a challenge to the realm of God.

이루고 싶은 오늘의 비전*Vision*

_____

_____

오늘을 살면서 누군가 또는 세상에 전한 사랑*Love*

58

_____

_____

오늘을 돌아보며 부족했던 점에 대한 반성*Reflection*

_____

_____

오늘 나에게 행복이 되어 준 감사*Thanks*

_____

_____

Date. 20 . .

God bless you

편한 사람이라도 예를 갖추면 좋다.

It's good to be polite even if you're comfortable.

이루고 싶은 오늘의 비전*Vision*

오늘을 살면서 누군가 또는 세상에 전한 사랑*Love*

59

오늘을 돌아보며 부족했던 점에 대한 반성*Reflection*

오늘 나에게 행복이 되어 준 감사*Thanks*

Date. 20 . .

God bless you

Miracle 49

거친 말은 센 듯 보이지만 따르는 자가 없다.

Rough words seem strong, but no one follows them

이루고 싶은 오늘의 비전*Vision*

오늘을 살면서 누군가 또는 세상에 전한 사랑*Love*

60

오늘을 돌아보며 부족했던 점에 대한 반성*Reflection*

오늘 나에게 행복이 되어 준 감사*Thanks*

Date. 20   .   .

God bless you

겨울 너머엔 봄꽃이 가득하다.

Beyond winter, spring flowers are full.

이루고 싶은 오늘의 비전*Vision*

오늘을 살면서 누군가 또는 세상에 전한 사랑*Love*

오늘을 돌아보며 부족했던 점에 대한 반성*Reflection*

오늘 나에게 행복이 되어 준 감사*Thanks*

Date. 20 . .

God bless you

얼굴은 내면을 비추는 거울이다.

The face is a mirror that reflects on the inside.

이루고 싶은 오늘의 비전*Vision*

오늘을 살면서 누군가 또는 세상에 전한 사랑*Love*

오늘을 돌아보며 부족했던 점에 대한 반성*Reflection*

오늘 나에게 행복이 되어 준 감사*Thanks*

Date. 20 . .

God bless you

무엇을 하든 즐기는 자가 승리에 가깝다.

Whatever he does, he who enjoys it is close to winning.

이루고 싶은 오늘의 비전*Vision*

오늘을 살면서 누군가 또는 세상에 전한 **사랑***Love*

63

오늘을 돌아보며 부족했던 점에 대한 **반성***Reflection*

오늘 나에게 행복이 되어 준 감사*Thanks*

Date. 20 . .

God bless you

뒤에서 들리는 칭찬에는 거짓이 없다.

There is no lie in the compliments heard behind the scenes.

이루고 싶은 오늘의 비전*Vision*

_____

_____

오늘을 살면서 누군가 또는 세상에 전한 사랑*Love*

_____

_____

오늘을 돌아보며 부족했던 점에 대한 반성*Reflection*

_____

_____

오늘 나에게 행복이 되어 준 감사*Thanks*

_____

_____

Date. 20 . .

God bless you

Miracle 54

온유함이 부족하다면 인격은 미완성이다.

Personality is incomplete if gentleness is lacking.

이루고 싶은 오늘의 비전*Vision*

오늘을 살면서 누군가 또는 세상에 전한 사랑*Love*

오늘을 돌아보며 부족했던 점에 대한 반성*Reflection*

오늘 나에게 행복이 되어 준 감사*Thanks*

Date. 20   .   .

God bless you

찡그린 표정에는 어떤 화장을 해도 매력이 없다.
A frown is not attractive with any makeup.

이루고 싶은 오늘의 비전*Vision*

_____

_____

오늘을 살면서 누군가 또는 세상에 전한 사랑*Love*

_____

_____

오늘을 돌아보며 부족했던 점에 대한 반성*Reflection*

_____

_____

오늘 나에게 행복이 되어 준 감사*Thanks*

_____

_____

Date. 20   .   .

God bless you

보석도 공짜로 받으면 돌멩이로 보인다.

Jewelry looks like a stone if you get it for free.

이루고 싶은 오늘의 비전*Vision*

오늘을 살면서 누군가 또는 세상에 전한 사랑*Love*

67

오늘을 돌아보며 부족했던 점에 대한 반성*Reflection*

오늘 나에게 행복이 되어 준 감사*Thanks*

Date. 20　　.　　.

God bless you

나 자신을 이기면 뭐든 이길 수 있다.

I can win anything if I win myself.

이루고 싶은 오늘의 비전*Vision*

오늘을 살면서 누군가 또는 세상에 전한 사랑*Love*

오늘을 돌아보며 부족했던 점에 대한 반성*Reflection*

오늘 나에게 행복이 되어 준 감사*Thanks*

Date. 20 . .

God bless you

Miracle 58

때로는 피하는 것이 맞서는 것보다 낫다.

Sometimes avoiding is better than confronting.

이루고 싶은 오늘의 비전*Vision*

오늘을 살면서 누군가 또는 세상에 전한 사랑*Love*

오늘을 돌아보며 부족했던 점에 대한 반성*Reflection*

오늘 나에게 행복이 되어 준 감사*Thanks*

Date. 20 . .

God bless you

Miracle 59

부드러운 말이 강한 말보다 한 수 위다.

Soft word is one step ahead of strong word.

이루고 싶은 오늘의 비전*Vision*

오늘을 살면서 누군가 또는 세상에 전한 사랑*Love*

오늘을 돌아보며 부족했던 점에 대한 반성*Reflection*

오늘 나에게 행복이 되어 준 감사*Thanks*

Date. 20 . .

God bless you

Miracle 60

애국자의 마음속엔 언제나 국기가 펄럭인다.

The national flag always flutters in the heart of the patriot.

이루고 싶은 오늘의 비전*Vision*

오늘을 살면서 누군가 또는 세상에 전한 사랑*Love*

오늘을 돌아보며 부족했던 점에 대한 반성*Reflection*

오늘 나에게 행복이 되어 준 감사*Thanks*

Date. 20   .   .

God bless you

꽃은 피고 사람은 웃는다.

Flowers bloom and people laugh.

이루고 싶은 오늘의 비전*Vision*

오늘을 살면서 누군가 또는 세상에 전한 사랑*Love*

72

오늘을 돌아보며 부족했던 점에 대한 반성*Reflection*

오늘 나에게 행복이 되어 준 감사*Thanks*

Date. 20   .   .

God bless you

Miracle 62

세금은 행복의 도로를 달리는 통행료다.

Taxes are tolls on the road to happiness.

이루고 싶은 오늘의 비전*Vision*

오늘을 살면서 누군가 또는 세상에 전한 사랑*Love*

오늘을 돌아보며 부족했던 점에 대한 반성*Reflection*

오늘 나에게 행복이 되어 준 감사*Thanks*

Date. 20 . .

God bless you

Miracle 63

융통성은 규칙과 상황을 지혜롭게 결합시킨다.
Flexibility combines rules and situations wisely.

이루고 싶은 오늘의 비전*Vision*

오늘을 살면서 누군가 또는 세상에 전한 사랑*Love*

오늘을 돌아보며 부족했던 점에 대한 반성*Reflection*

오늘 나에게 행복이 되어 준 감사*Thanks*

Date. 20   .   .

God bless you

걸음걸이가 그 사람의 미래를 보여 주기도 한다.

The walk also shows the future of the person.

이루고 싶은 오늘의 비전*Vision*

오늘을 살면서 누군가 또는 세상에 전한 사랑*Love*

75

오늘을 돌아보며 부족했던 점에 대한 반성*Reflection*

오늘 나에게 행복이 되어 준 감사*Thanks*

Date. 20   .   .

God bless you

앉으면 눕고 싶고, 누우면 자고 싶다.

When I sit down, I want to lie down and when I lie down, I want to sleep.

이루고 싶은 오늘의 비전*Vision*

오늘을 살면서 누군가 또는 세상에 전한 사랑*Love*

76

오늘을 돌아보며 부족했던 점에 대한 반성*Reflection*

오늘 나에게 행복이 되어 준 감사*Thanks*

Date. 20 . .

God bless you

Miracle **66**

시간의 투자는 가장 진실한 투자다.

The investment of time is the truest investment.

이루고 싶은 오늘의 비전*Vision*

오늘을 살면서 누군가 또는 세상에 전한 사랑*Love*

오늘을 돌아보며 부족했던 점에 대한 반성*Reflection*

오늘 나에게 행복이 되어 준 감사*Thanks*

Date. 20 . .

God bless you

부드러운 여성이라도 강한 남성을 낳고 기른다.

Even soft women give birth to strong men and raise them.

이루고 싶은 오늘의 비전*Vision*

오늘을 살면서 누군가 또는 세상에 전한 사랑*Love*

78

오늘을 돌아보며 부족했던 점에 대한 반성*Reflection*

오늘 나에게 행복이 되어 준 감사*Thanks*

Date. 20   .   .

God bless you

Miracle 68

인사는 예절이 아니라 인성의 기본이다.

Greetings are the basis of character, not manners.

이루고 싶은 오늘의 비전 *Vision*

오늘을 살면서 누군가 또는 세상에 전한 사랑 *Love*

79

오늘을 돌아보며 부족했던 점에 대한 반성 *Reflection*

오늘 나에게 행복이 되어 준 감사 *Thanks*

Date. 20   .   .

God bless you

Miracle 69

게으름은 즉시 행동함으로 물리칠 수 있다.

Laziness can be repelled by immediate action.

이루고 싶은 오늘의 비전*Vision*

_____

_____

오늘을 살면서 누군가 또는 세상에 전한 사랑*Love*

_____

_____

오늘을 돌아보며 부족했던 점에 대한 반성*Reflection*

_____

_____

오늘 나에게 행복이 되어 준 감사*Thanks*

_____

_____

Date. 20 . .

God bless you

Miracle 70

부러움은 자신을 개선하라는 신호다.

Envy is a sign of improving yourself.

이루고 싶은 오늘의 비전*Vision*

오늘을 살면서 누군가 또는 세상에 전한 사랑*Love*

오늘을 돌아보며 부족했던 점에 대한 반성*Reflection*

오늘 나에게 행복이 되어 준 감사*Thanks*

Date. 20   .   .

God bless you

오늘의 순간순간에 미래의 씨앗이 있다.

There is a seed of the future in every moment of today.

이루고 싶은 오늘의 **비전**Vision

오늘을 살면서 누군가 또는 세상에 전한 **사랑**Love

오늘을 돌아보며 부족했던 점에 대한 **반성**Reflection

오늘 나에게 행복이 되어 준 **감사**Thanks

Date. 20 . .

God bless you

눈물 너머에는 웃음이 수북하다.

Beyond the tears, there is a lot of laughter.

이루고 싶은 오늘의 **비전**Vision

오늘을 살면서 누군가 또는 세상에 전한 **사랑**Love

83

오늘을 돌아보며 부족했던 점에 대한 **반성**Reflection

오늘 나에게 행복이 되어 준 **감사**Thanks

Date. 20 . .

God bless you

마음을 표현하면 황무지도 옥토가 된다.

If you express your heart, the wasteland becomes a fertile soil.

이루고 싶은 오늘의 비전*Vision*

_____

_____

오늘을 살면서 누군가 또는 세상에 전한 사랑*Love*

_____

_____

오늘을 돌아보며 부족했던 점에 대한 반성*Reflection*

_____

_____

오늘 나에게 행복이 되어 준 감사*Thanks*

_____

_____

Date. 20 . .

God bless you

누군가에게 웃음을 주는 것은 유쾌한 자선사업이다.

Giving someone a laugh is a pleasant charity.

이루고 싶은 오늘의 비전*Vision*

오늘을 살면서 누군가 또는 세상에 전한 사랑*Love*

85

오늘을 돌아보며 부족했던 점에 대한 반성*Reflection*

오늘 나에게 행복이 되어 준 감사*Thanks*

Date. 20 . .

God bless you

꿈을 자주 떠올리면 꿈이 현실에 가까워진다.

If you think of dreams often, dreams become closer to reality

이루고 싶은 오늘의 비전*Vision*

_____

_____

오늘을 살면서 누군가 또는 세상에 전한 사랑*Love*

_____

_____

오늘을 돌아보며 부족했던 점에 대한 반성*Reflection*

_____

_____

오늘 나에게 행복이 되어 준 감사*Thanks*

_____

_____

Date. 20 . .

God bless you

Miracle 76

돈만 추구하면 쓸쓸한 부자가 된다.

If you pursue money, you become a lonely rich man.

이루고 싶은 오늘의 비전*Vision*

오늘을 살면서 누군가 또는 세상에 전한 사랑*Love*

87

오늘을 돌아보며 부족했던 점에 대한 반성*Reflection*

오늘 나에게 행복이 되어 준 감사*Thanks*

Date. 20 . .

God bless you

다정한 말은 천사의 속삭임이다.

A friendly word is an angel's whisper.

이루고 싶은 오늘의 비전 *Vision*

오늘을 살면서 누군가 또는 세상에 전한 사랑 *Love*

오늘을 돌아보며 부족했던 점에 대한 반성 *Reflection*

오늘 나에게 행복이 되어 준 감사 *Thanks*

Date. 20 . .

God bless you

훌륭한 인생은 높이가 아니라 깊이로 평가된다.

A good life is valued not by height but by depth.

이루고 싶은 오늘의 비전*Vision*

오늘을 살면서 누군가 또는 세상에 전한 사랑*Love*

오늘을 돌아보며 부족했던 점에 대한 반성*Reflection*

오늘 나에게 행복이 되어 준 감사*Thanks*

Date. 20 . .

God bless you

행복을 느끼지 못하면 불행이 시작된다.

If you don't feel happy, misfortune begins.

이루고 싶은 오늘의 비전 Vision

_____

_____

오늘을 살면서 누군가 또는 세상에 전한 사랑 Love

90

_____

_____

오늘을 돌아보며 부족했던 점에 대한 반성 Reflection

_____

_____

오늘 나에게 행복이 되어 준 감사 Thanks

_____

_____

God bless you

별을 따는 꿈을 꾸면 적어도 하늘은 날 수 있다.

If you dream of picking a star, you can at least fly in the sky.

이루고 싶은 오늘의 비전*Vision*

오늘을 살면서 누군가 또는 세상에 전한 **사랑***Love*

91

오늘을 돌아보며 부족했던 점에 대한 **반성***Reflection*

오늘 나에게 행복이 되어 준 감사*Thanks*

Date. 20 . .

God bless you

물처럼 품는 것이 가시처럼 찌르는 것보다 낫다.

Embracing like water is better than stabbing like a thorn

이루고 싶은 오늘의 비전*Vision*

오늘을 살면서 누군가 또는 세상에 전한 사랑*Love*

오늘을 돌아보며 부족했던 점에 대한 반성*Reflection*

오늘 나에게 행복이 되어 준 감사*Thanks*

Date. 20 . .

God bless you

어설픈 경험이라도 쌓이면 자신감이 된다.

Even a clumsy experience gives you confidence.

이루고 싶은 오늘의 비전*Vision*

오늘을 살면서 누군가 또는 세상에 전한 사랑*Love*

93

오늘을 돌아보며 부족했던 점에 대한 반성*Reflection*

오늘 나에게 행복이 되어 준 감사*Thanks*

Date. 20 . .

God bless you

흑과 백이 서로를 존중하면 멋진 조력자가 된다.

If black and white respect each other, they become wonderful assistants.

이루고 싶은 오늘의 **비전***Vision*

오늘을 살면서 누군가 또는 세상에 전한 **사랑***Love*

94

오늘을 돌아보며 부족했던 점에 대한 **반성***Reflection*

오늘 나에게 행복이 되어 준 **감사***Thanks*

Date. 20 . .

God bless you

군인의 투철한 희생정신이 국가를 수호한다.

The soldier's strong spirit of sacrifice defends the nation.

이루고 싶은 오늘의 **비전***Vision*

오늘을 살면서 누군가 또는 세상에 전한 **사랑***Love*

95

오늘을 돌아보며 부족했던 점에 대한 **반성***Reflection*

오늘 나에게 행복이 되어 준 **감사***Thanks*

God bless you

Miracle 85

목표는 꿈으로 가는 길로 이끄는 자석이다.

The goal is a magnet that leads to a dream.

이루고 싶은 오늘의 비전*Vision*

오늘을 살면서 누군가 또는 세상에 전한 사랑*Love*

오늘을 돌아보며 부족했던 점에 대한 반성*Reflection*

오늘 나에게 행복이 되어 준 감사*Thanks*

Date. 20 . .

God bless you

Miracle 86

울고 싶을 때는 눈물이 진통제다.

Tears are a painkiller when you want to cry.

이루고 싶은 오늘의 비전*Vision*

오늘을 살면서 누군가 또는 세상에 전한 사랑*Love*

오늘을 돌아보며 부족했던 점에 대한 반성*Reflection*

오늘 나에게 행복이 되어 준 감사*Thanks*

Date. 20 . .

God bless you

휴일의 쉼은 티라미수보다 달콤하다.

Holiday breaks are sweeter than tiramisu.

이루고 싶은 오늘의 비전*Vision*

_____

_____

오늘을 살면서 누군가 또는 세상에 전한 사랑*Love*

_____

_____

오늘을 돌아보며 부족했던 점에 대한 반성*Reflection*

_____

_____

오늘 나에게 행복이 되어 준 감사*Thanks*

_____

_____

Date. 20   .   .

God bless you

마음의 오해는 입술의 대화로 풀린다.

The misunderstanding of the mind is solved by the conversation of the lips.

이루고 싶은 오늘의 비전*Vision*

_____

_____

오늘을 살면서 누군가 또는 세상에 전한 사랑*Love*

_____

_____

오늘을 돌아보며 부족했던 점에 대한 반성*Reflection*

_____

_____

오늘 나에게 행복이 되어 준 감사*Thanks*

_____

_____

Date. 20   .   .

God bless you

욕설은 인격을 갉아먹는 벌레다.

Swearing is a worm that eats away at character.

이루고 싶은 오늘의 비전*Vision*

오늘을 살면서 누군가 또는 세상에 전한 사랑*Love*

100

오늘을 돌아보며 부족했던 점에 대한 반성*Reflection*

오늘 나에게 행복이 되어 준 감사*Thanks*

Date. 20   .   .

God bless you

Miracle 90

용기는 머뭇거림을 이겨 내는 힘이다.

Courage is the power to overcome hesitation.

이루고 싶은 오늘의 비전*Vision*

오늘을 살면서 누군가 또는 세상에 전한 사랑*Love*

오늘을 돌아보며 부족했던 점에 대한 반성*Reflection*

오늘 나에게 행복이 되어 준 감사*Thanks*

Date. 20 . .

God bless you

거짓말은 죄와 악의 씨앗이다.

Lies are the seeds of sin and evil.

이루고 싶은 오늘의 비전*Vision*

오늘을 살면서 누군가 또는 세상에 전한 사랑*Love*

오늘을 돌아보며 부족했던 점에 대한 반성*Reflection*

오늘 나에게 행복이 되어 준 감사*Thanks*

Date. 20 . .

God bless you

가장 정직한 사람은 자신에게 정직한 사람이다.

The most honest man is the one who is honest with himself.

이루고 싶은 오늘의 비전*Vision*

오늘을 살면서 누군가 또는 세상에 전한 사랑*Love*

103

오늘을 돌아보며 부족했던 점에 대한 반성*Reflection*

오늘 나에게 행복이 되어 준 감사*Thanks*

Date. 20 . .

God bless you

Miracle 93

어려울 때 받은 도움은 평생 기억된다.

The help in times of need is remembered for life.

이루고 싶은 오늘의 비전*Vision*

오늘을 살면서 누군가 또는 세상에 전한 사랑*Love*

오늘을 돌아보며 부족했던 점에 대한 반성*Reflection*

오늘 나에게 행복이 되어 준 감사*Thanks*

Date. 20 . .

God bless you

Miracle 94

악한 생각은 악인을 만들고, 선한 생각은 선인을 만든다.

Evil thoughts make evil men and good thoughts make good men.

이루고 싶은 오늘의 비전*Vision*

오늘을 살면서 누군가 또는 세상에 전한 사랑*Love*

105

오늘을 돌아보며 부족했던 점에 대한 반성*Reflection*

오늘 나에게 행복이 되어 준 감사*Thanks*

Date. 20 . .

God bless you

Miracle 95

사람은 나무를 심고, 나무는 사람을 지킨다.

Men plant trees and trees protect people.

이루고 싶은 오늘의 비전*Vision*

오늘을 살면서 누군가 또는 세상에 전한 사랑*Love*

오늘을 돌아보며 부족했던 점에 대한 반성*Reflection*

오늘 나에게 행복이 되어 준 감사*Thanks*

Date. 20 . .

God bless you

Miracle 96

큰 나무는 잔바람에 눈살을 찌푸리지 않는다.
Big trees don't frown in the breeze.

이루고 싶은 오늘의 비전*Vision*

오늘을 살면서 누군가 또는 세상에 전한 사랑*Love*

오늘을 돌아보며 부족했던 점에 대한 반성*Reflection*

오늘 나에게 행복이 되어 준 감사*Thanks*

Date. 20   .   .

God bless you

Miracle **97**

치료는 의사가 하고, 예방은 스스로 한다.

The treatment is done by the doctor, and the prevention is done by oneself.

이루고 싶은 오늘의 비전*Vision*

오늘을 살면서 누군가 또는 세상에 전한 사랑*Love*

오늘을 돌아보며 부족했던 점에 대한 반성*Reflection*

오늘 나에게 행복이 되어 준 감사*Thanks*

Date. 20 . .

God bless you

무지는 빈곤의 지름길이다.

Ignorance is a shortcut to poverty.

이루고 싶은 오늘의 비전*Vision*

오늘을 살면서 누군가 또는 세상에 전한 사랑*Love*

오늘을 돌아보며 부족했던 점에 대한 반성*Reflection*

오늘 나에게 행복이 되어 준 감사*Thanks*

Date. 20   .   .

God bless you

Miracle 99

들꽃은 스스로 피기에 위대하다.

Wild flowers are great to bloom on their own.

이루고 싶은 오늘의 비전*Vision*

_____

_____

오늘을 살면서 누군가 또는 세상에 전한 사랑*Love*

_____

_____

오늘을 돌아보며 부족했던 점에 대한 반성*Reflection*

_____

_____

오늘 나에게 행복이 되어 준 감사*Thanks*

_____

_____

Date. 20   .   .

God bless you

Miracle **100**

좋은 부모는 자녀에게서도 배운다.

Good parents also learn from their children.

이루고 싶은 오늘의 비전*Vision*

오늘을 살면서 누군가 또는 세상에 전한 사랑*Love*

오늘을 돌아보며 부족했던 점에 대한 반성*Reflection*

오늘 나에게 행복이 되어 준 감사*Thanks*

Date. 20 . .

God bless you

절망하지 않으면 희망이다.

If you don't despair, it's hope.

이루고 싶은 오늘의 비전*Vision*

오늘을 살면서 누군가 또는 세상에 전한 사랑*Love*

오늘을 돌아보며 부족했던 점에 대한 반성*Reflection*

오늘 나에게 행복이 되어 준 감사*Thanks*

Date. 20 . .

God bless you

방심은 패배를 초대하는 문이다.

Carelessness is the door to defeat.

이루고 싶은 오늘의 **비전***Vision*

오늘을 살면서 누군가 또는 세상에 전한 **사랑***Love*

113

오늘을 돌아보며 부족했던 점에 대한 **반성***Reflection*

오늘 나에게 행복이 되어 준 **감사***Thanks*

Date. 20   .   .

God bless you

Miracle 103

서운함의 치료제는 고마움이다.
The cure for disappointment is thanks.

이루고 싶은 오늘의 비전*Vision*

오늘을 살면서 누군가 또는 세상에 전한 사랑*Love*

오늘을 돌아보며 부족했던 점에 대한 반성*Reflection*

오늘 나에게 행복이 되어 준 감사*Thanks*

Date. 20 . .

God bless you

Miracle 104

사랑은 용기로 시작된다.
Love begins with courage.

이루고 싶은 오늘의 비전*Vision*

오늘을 살면서 누군가 또는 세상에 전한 사랑*Love*

오늘을 돌아보며 부족했던 점에 대한 반성*Reflection*

오늘 나에게 행복이 되어 준 감사*Thanks*

Date. 20   .   .

God bless you

후회가 성장을 이끌기도 한다.

Regret can also lead to growth.

이루고 싶은 오늘의 **비전***Vision*

오늘을 살면서 누군가 또는 세상에 전한 **사랑***Love*

116

오늘을 돌아보며 부족했던 점에 대한 **반성***Reflection*

오늘 나에게 행복이 되어 준 **감사***Thanks*

God bless you

Miracle 106

양심은 안전을 지키는 생명줄이다.

Conscience is a lifeline to safety.

이루고 싶은 오늘의 비전*Vision*

오늘을 살면서 누군가 또는 세상에 전한 사랑*Love*

오늘을 돌아보며 부족했던 점에 대한 반성*Reflection*

오늘 나에게 행복이 되어 준 감사*Thanks*

Date. 20 . .

God bless you

상대를 존중하는 것은 세련된 겸손이다.

Respecting others is a sophisticated humility.

이루고 싶은 오늘의 비전*Vision*

_____

_____

오늘을 살면서 누군가 또는 세상에 전한 사랑*Love*

_____

_____

오늘을 돌아보며 부족했던 점에 대한 반성*Reflection*

_____

_____

오늘 나에게 행복이 되어 준 감사*Thanks*

_____

_____

Date. 20 . .

God bless you

Miracle 108

침착함은 많은 실수를 줄인다.

Calmness reduces many mistakes.

이루고 싶은 오늘의 비전*Vision*

오늘을 살면서 누군가 또는 세상에 전한 사랑*Love*

오늘을 돌아보며 부족했던 점에 대한 반성*Reflection*

오늘 나에게 행복이 되어 준 감사*Thanks*

Date. 20   .   .

God bless you

준비하지 않으면 어려운 기회를 쉽게 놓친다.

If you don't prepare, you easily miss a difficult opportunity.

이루고 싶은 오늘의 비전*Vision*

오늘을 살면서 누군가 또는 세상에 전한 사랑*Love*

오늘을 돌아보며 부족했던 점에 대한 반성*Reflection*

오늘 나에게 행복이 되어 준 감사*Thanks*

Date. 20   .   .

God bless you

한 가지라도 장애가 없는 사람은 없다.

There is no one without a handicap.

이루고 싶은 오늘의 비전*Vision*

오늘을 살면서 누군가 또는 세상에 전한 **사랑***Love*

121

오늘을 돌아보며 부족했던 점에 대한 **반성***Reflection*

오늘 나에게 행복이 되어 준 **감사***Thanks*

Date. 20   .   .

God bless you

Miracle 111

어린이의 호기심이 과학기술을 이끈다.

Children's curiosity leads to science and technology.

이루고 싶은 오늘의 비전*Vision*

오늘을 살면서 누군가 또는 세상에 전한 사랑*Love*

오늘을 돌아보며 부족했던 점에 대한 반성*Reflection*

오늘 나에게 행복이 되어 준 감사*Thanks*

Date. 20 . .

God bless you

Miracle 112

사람들은 지구라는 엄마의 배 속에서 산다.

People live in the mother's womb called Earth.

이루고 싶은 오늘의 비전*Vision*

오늘을 살면서 누군가 또는 세상에 전한 사랑*Love*

오늘을 돌아보며 부족했던 점에 대한 반성*Reflection*

오늘 나에게 행복이 되어 준 감사*Thanks*

Date. 20   .   .

God bless you

Miracle **113**

독서는 지적이고 우아한 쾌락이다.
Reading is an intellectual and elegant pleasure.

이루고 싶은 오늘의 **비전***Vision*

_____

_____

오늘을 살면서 누군가 또는 세상에 전한 **사랑***Love*

_____

_____

오늘을 돌아보며 부족했던 점에 대한 **반성***Reflection*

_____

_____

오늘 나에게 행복이 되어 준 **감사***Thanks*

_____

_____

Date. 20   .   .

God bless you

책값은 책의 한 구절로도 충분하다.

A phrase from a book is enough for the price of a book.

이루고 싶은 오늘의 비전*Vision*

———————————————————————

———————————————————————

오늘을 살면서 누군가 또는 세상에 전한 **사랑***Love*

———————————————————————

———————————————————————

오늘을 돌아보며 부족했던 점에 대한 **반성***Reflection*

———————————————————————

———————————————————————

오늘 나에게 행복이 되어 준 **감사***Thanks*

———————————————————————

———————————————————————

Date. 20   .   .

Miracle **115**

땀방울이 없는 수확에는 독이 있다.

The harvest without sweat is poisonous.

이루고 싶은 오늘의 비전*Vision*

오늘을 살면서 누군가 또는 세상에 전한 사랑*Love*

오늘을 돌아보며 부족했던 점에 대한 반성*Reflection*

오늘 나에게 행복이 되어 준 감사*Thanks*

Date. 20   .   .

God bless you

기쁨과 슬픔을 같이하면 가족과 다름없다.

If you share joy and sorrow, you are like a family.

이루고 싶은 오늘의 비전*Vision*

오늘을 살면서 누군가 또는 세상에 전한 사랑*Love*

127

오늘을 돌아보며 부족했던 점에 대한 반성*Reflection*

오늘 나에게 행복이 되어 준 감사*Thanks*

Date. 20 . .

God bless you

자주 언쟁하는 사람은 적이 많다.

He who often quarrels has many enemies.

이루고 싶은 오늘의 **비전***Vision*

오늘을 살면서 누군가 또는 세상에 전한 **사랑***Love*

128

오늘을 돌아보며 부족했던 점에 대한 **반성***Reflection*

오늘 나에게 행복이 되어 준 감사*Thanks*

Date. 20   .   .

Miracle 118

생명의 탄생은 국가 발전의 뿌리다.

The birth of life is the foundation of national development.

이루고 싶은 오늘의 비전*Vision*

오늘을 살면서 누군가 또는 세상에 전한 사랑*Love*

오늘을 돌아보며 부족했던 점에 대한 반성*Reflection*

오늘 나에게 행복이 되어 준 감사*Thanks*

Date. 20   .   .

God bless you

지루하다는 것은 시간을 죽이고 있다는 의미다.

Boring means killing time.

이루고 싶은 오늘의 비전*Vision*

오늘을 살면서 누군가 또는 세상에 전한 사랑*Love*

오늘을 돌아보며 부족했던 점에 대한 반성*Reflection*

오늘 나에게 행복이 되어 준 감사*Thanks*

Date. 20 .   .

God bless you

헛된 시간은 헛된 인생이다.

A wasted time is a wasted life.

이루고 싶은 오늘의 비전*Vision*

오늘을 살면서 누군가 또는 세상에 전한 **사랑***Love*

131

오늘을 돌아보며 부족했던 점에 대한 **반성***Reflection*

오늘 나에게 행복이 되어 준 감사*Thanks*

Date. 20 . .

God bless you

노동의 땀방울이 건강한 사회를 만든다.

The sweat of labor creates a healthy society.

이루고 싶은 오늘의 비전*Vision*

오늘을 살면서 누군가 또는 세상에 전한 사랑*Love*

오늘을 돌아보며 부족했던 점에 대한 반성*Reflection*

오늘 나에게 행복이 되어 준 감사*Thanks*

Date. 20   .   .

God bless you

일을 즐기면 일터는 놀이터가 된다.

If you enjoy your work, your workplace becomes a playground.

이루고 싶은 오늘의 비전*Vision*

오늘을 살면서 누군가 또는 세상에 전한 사랑*Love*

133

오늘을 돌아보며 부족했던 점에 대한 반성*Reflection*

오늘 나에게 행복이 되어 준 감사*Thanks*

Date. 20   .   .

God bless you

라이벌은 서로를 성장시키는 채찍이다.

Rivals are whips that grow each other.

이루고 싶은 오늘의 비전*Vision*

_____

_____

오늘을 살면서 누군가 또는 세상에 전한 사랑*Love*

_____

_____

오늘을 돌아보며 부족했던 점에 대한 반성*Reflection*

_____

_____

오늘 나에게 행복이 되어 준 감사*Thanks*

_____

_____

Date. 20 . .

God bless you

Miracle 124

지금부터가 지금까지보다 더 중요하다.

From now on is more important than until now.

이루고 싶은 오늘의 비전*Vision*

오늘을 살면서 누군가 또는 세상에 전한 사랑*Love*

오늘을 돌아보며 부족했던 점에 대한 반성*Reflection*

오늘 나에게 행복이 되어 준 감사*Thanks*

Date. 20 . .

God bless you

어린이는 놀이로 배우고 사랑으로 큰다.

Children learn from play and grow up with love.

이루고 싶은 오늘의 비전*Vision*

오늘을 살면서 누군가 또는 세상에 전한 사랑*Love*

136

오늘을 돌아보며 부족했던 점에 대한 반성*Reflection*

오늘 나에게 행복이 되어 준 감사*Thanks*

Date. 20 . .

God bless you

Miracle 126

이기는 습관이 큰 승리를 이끈다.

The habit of winning leads to great victory.

이루고 싶은 오늘의 비전*Vision*

오늘을 살면서 누군가 또는 세상에 전한 사랑*Love*

137

오늘을 돌아보며 부족했던 점에 대한 반성*Reflection*

오늘 나에게 행복이 되어 준 감사*Thanks*

Date. 20   .   .

God bless you

Miracle 127

효는 불효하지 않는 데서 시작된다.

Filial piety begins with no filial piety.

이루고 싶은 오늘의 비전*Vision*

오늘을 살면서 누군가 또는 세상에 전한 사랑*Love*

138

오늘을 돌아보며 부족했던 점에 대한 반성*Reflection*

오늘 나에게 행복이 되어 준 감사*Thanks*

Date. 20 . .

God bless you

효는 사랑받은 보답이 아니라 사람됨이다.

Filial piety is not a reward for being loved, but a character.

이루고 싶은 오늘의 비전*Vision*

오늘을 살면서 누군가 또는 세상에 전한 사랑*Love*

오늘을 돌아보며 부족했던 점에 대한 반성*Reflection*

오늘 나에게 행복이 되어 준 감사*Thanks*

Date. 20   .   .

God bless you

용서는 큰 사람이 베푸는 사랑이다.

Forgiveness is the love of a great man.

이루고 싶은 오늘의 비전*Vision*

오늘을 살면서 누군가 또는 세상에 전한 사랑*Love*

오늘을 돌아보며 부족했던 점에 대한 반성*Reflection*

오늘 나에게 행복이 되어 준 감사*Thanks*

Date. 20 . .

God bless you

Miracle **130**

현명한 사람은 선택한 것에 집중한다.

A wise man focuses on what he chooses.

이루고 싶은 오늘의 비전*Vision*

오늘을 살면서 누군가 또는 세상에 전한 사랑*Love*

오늘을 돌아보며 부족했던 점에 대한 반성*Reflection*

오늘 나에게 행복이 되어 준 감사*Thanks*

Date. 20 . .

God bless you

쉽게 친해지면 실망도 빠르다.

If you get close easily, you will be disappointed quickly.

이루고 싶은 오늘의 비전*Vision*

오늘을 살면서 누군가 또는 세상에 전한 사랑*Love*

142

오늘을 돌아보며 부족했던 점에 대한 반성*Reflection*

오늘 나에게 행복이 되어 준 감사*Thanks*

Date. 20 . .

God bless you

Miracle 132

친절한 간호사는 치료의 촉진제다.

A kind nurse is a catalyst for treatment.

이루고 싶은 오늘의 비전*Vision*

오늘을 살면서 누군가 또는 세상에 전한 사랑*Love*

오늘을 돌아보며 부족했던 점에 대한 반성*Reflection*

오늘 나에게 행복이 되어 준 감사*Thanks*

Date. 20 . .

God bless you

Miracle 133

겉이 화려하면 속은 대체로 누추하다.

When the outside is splendid, the inside is generally shabby.

이루고 싶은 오늘의 비전*Vision*

_____

_____

오늘을 살면서 누군가 또는 세상에 전한 사랑*Love*

_____

_____

오늘을 돌아보며 부족했던 점에 대한 반성*Reflection*

_____

_____

오늘 나에게 행복이 되어 준 감사*Thanks*

_____

_____

Date. 20   .   .

God bless you

뾰족한 가시가 장미를 지킨다.

A sharp thorn protects the rose.

이루고 싶은 오늘의 비전*Vision*

오늘을 살면서 누군가 또는 세상에 전한 사랑*Love*

145

오늘을 돌아보며 부족했던 점에 대한 반성*Reflection*

오늘 나에게 행복이 되어 준 감사*Thanks*

Date. 20 . .

God bless you

모든 것에서 배우는 사람은 스승이 많다.

He who learns from everything has many teachers.

이루고 싶은 오늘의 **비전***Vision*

오늘을 살면서 누군가 또는 세상에 전한 **사랑***Love*

오늘을 돌아보며 부족했던 점에 대한 **반성***Reflection*

오늘 나에게 행복이 되어 준 **감사***Thanks*

Date. 20   .   .

God bless you

나이가 아닌 마음의 성장으로 성인이 된다.

You become an adult through the growth of your mind, not your age.

이루고 싶은 오늘의 **비전**Vision

_____

_____

오늘을 살면서 누군가 또는 세상에 전한 **사랑**Love

147

_____

_____

오늘을 돌아보며 부족했던 점에 대한 **반성**Reflection

_____

_____

오늘 나에게 행복이 되어 준 감사Thanks

_____

_____

Date. 20   .   .

God bless you

Miracle 137

성장통 없이 성공은 없다.

No success without growing pains.

이루고 싶은 오늘의 비전*Vision*

오늘을 살면서 누군가 또는 세상에 전한 사랑*Love*

오늘을 돌아보며 부족했던 점에 대한 반성*Reflection*

오늘 나에게 행복이 되어 준 감사*Thanks*

Date. 20 . .

God bless you

탐욕을 버리면 독재자도 민주주의자가 된다.
If greed is given up, dictators become democrats.

이루고 싶은 오늘의 비전*Vision*

오늘을 살면서 누군가 또는 세상에 전한 사랑*Love*

오늘을 돌아보며 부족했던 점에 대한 반성*Reflection*

오늘 나에게 행복이 되어 준 감사*Thanks*

Date. 20 . .

God bless you

발명은 혁신을 이끌고 신세계를 만든다.

Inventions lead to innovation and create a new world.

이루고 싶은 오늘의 비전*Vision*

오늘을 살면서 누군가 또는 세상에 전한 사랑*Love*

오늘을 돌아보며 부족했던 점에 대한 반성*Reflection*

오늘 나에게 행복이 되어 준 감사*Thanks*

Date. 20 . .

God bless you

Miracle 140

엉뚱한 사람은 기발하기도 하다.
An absurd person is also ingenious.

이루고 싶은 오늘의 비전*Vision*

오늘을 살면서 누군가 또는 세상에 전한 사랑*Love*

오늘을 돌아보며 부족했던 점에 대한 반성*Reflection*

오늘 나에게 행복이 되어 준 감사*Thanks*

Date. 20 . .

God bless you

Miracle **141**

아내 사랑과 남편 존경은 부부의 도리다.

It is the duty of married couple to love wife and respect husband.

이루고 싶은 오늘의 비전*Vision*

오늘을 살면서 누군가 또는 세상에 전한 사랑*Love*

오늘을 돌아보며 부족했던 점에 대한 반성*Reflection*

오늘 나에게 행복이 되어 준 감사*Thanks*

Date. 20 . .

God bless you

싸우면 패자가 되고, 이해하면 승자가 된다.
If you fight, you lose, if you understand, you win.

이루고 싶은 오늘의 비전*Vision*

오늘을 살면서 누군가 또는 세상에 전한 사랑*Love*

오늘을 돌아보며 부족했던 점에 대한 반성*Reflection*

오늘 나에게 행복이 되어 준 감사*Thanks*

Date. 20 . .

God bless you

긍정의 말은 긍정의 상황을 불러온다.
The word of positivity brings about a situation of positivity.

이루고 싶은 오늘의 **비전***Vision*

_____

_____

오늘을 살면서 누군가 또는 세상에 전한 **사랑***Love*

154

_____

_____

오늘을 돌아보며 부족했던 점에 대한 **반성***Reflection*

_____

_____

오늘 나에게 행복이 되어 준 **감사***Thanks*

_____

_____

God bless you

집의 크기가 행복을 보장하지는 못한다.

The size of the house does not guarantee happiness.

이루고 싶은 오늘의 비전*Vision*

오늘을 살면서 누군가 또는 세상에 전한 사랑*Love*

155

오늘을 돌아보며 부족했던 점에 대한 반성*Reflection*

오늘 나에게 행복이 되어 준 감사*Thanks*

Date. 20 . .

God bless you

Miracle 145

엄격한 부모보다 편안한 부모가 낫다.
Comfortable parents are better than strict parents.

이루고 싶은 오늘의 비전*Vision*

오늘을 살면서 누군가 또는 세상에 전한 사랑*Love*

오늘을 돌아보며 부족했던 점에 대한 반성*Reflection*

오늘 나에게 행복이 되어 준 감사*Thanks*

Date. 20 . .

God bless you

웃는 얼굴은 최고의 성형수술이다.

Smiling face is the best plastic surgery.

이루고 싶은 오늘의 비전*Vision*

오늘을 살면서 누군가 또는 세상에 전한 사랑*Love*

157

오늘을 돌아보며 부족했던 점에 대한 반성*Reflection*

오늘 나에게 행복이 되어 준 감사*Thanks*

Date. 20 . .

God bless you

걸림돌은 성장으로 올라서는 디딤돌이다.

The stumbling block is a stepping stone to growth.

이루고 싶은 오늘의 **비전**Vision

오늘을 살면서 누군가 또는 세상에 전한 **사랑**Love

오늘을 돌아보며 부족했던 점에 대한 **반성**Reflection

오늘 나에게 행복이 되어 준 **감사**Thanks

Date. 20 . .

God bless you

우쭐대는 사람은 존경받기 어렵다.

An arrogant man is hard to be respected.

이루고 싶은 오늘의 비전*Vision*

오늘을 살면서 누군가 또는 세상에 전한 **사랑***Love*

오늘을 돌아보며 부족했던 점에 대한 **반성***Reflection*

오늘 나에게 행복이 되어 준 **감사***Thanks*

Date. 20 . .

God bless you

Miracle 149

자신을 먼저 이끌어야 남을 이끌 수 있다.
You have to lead yourself first to lead others.

이루고 싶은 오늘의 비전*Vision*

_____

_____

오늘을 살면서 누군가 또는 세상에 전한 사랑*Love*

_____

_____

오늘을 돌아보며 부족했던 점에 대한 반성*Reflection*

_____

_____

오늘 나에게 행복이 되어 준 감사*Thanks*

_____

_____

Date. 20 . .

God bless you

파도는 산산이 부서져도 다시 살아난다.

The waves come back to life even if they break apart.

이루고 싶은 오늘의 비전*Vision*

오늘을 살면서 누군가 또는 세상에 전한 사랑*Love*

오늘을 돌아보며 부족했던 점에 대한 반성*Reflection*

오늘 나에게 행복이 되어 준 감사*Thanks*

Date. 20 . .

God bless you

Miracle **151**

인간은 넓고 깊은 바다의 작은 물고기다.
Man is a small fish in the wide and deep sea.

이루고 싶은 오늘의 비전*Vision*

오늘을 살면서 누군가 또는 세상에 전한 사랑*Love*

오늘을 돌아보며 부족했던 점에 대한 반성*Reflection*

오늘 나에게 행복이 되어 준 감사*Thanks*

Date. 20   .   .

God bless you

Miracle 152

시작의 문은 넓고, 영광의 문은 좁다.

The door to start is wide and the door to glory is narrow.

이루고 싶은 오늘의 비전*Vision*

오늘을 살면서 누군가 또는 세상에 전한 사랑*Love*

오늘을 돌아보며 부족했던 점에 대한 반성*Reflection*

오늘 나에게 행복이 되어 준 감사*Thanks*

Date. 20 . .

God bless you

Miracle 153

혼자 가면 멀고, 함께 가면 가깝다.

It's a long way to go alone and close to go together.

이루고 싶은 오늘의 비전*Vision*

오늘을 살면서 누군가 또는 세상에 전한 사랑*Love*

오늘을 돌아보며 부족했던 점에 대한 반성*Reflection*

오늘 나에게 행복이 되어 준 감사*Thanks*

Date. 20   .   .

God bless you

Miracle 154

기회를 기회로 안다면 절반은 성공이다.

If you know an opportunity as an opportunity, you are half successful.

이루고 싶은 오늘의 비전*Vision*

오늘을 살면서 누군가 또는 세상에 전한 사랑*Love*

오늘을 돌아보며 부족했던 점에 대한 반성*Reflection*

오늘 나에게 행복이 되어 준 감사*Thanks*

Date. 20 . .

God bless you

Miracle **155**

하나를 잘 해내면 열 개도 자신 있다.

If you do well on one thing, you are confident in ten.

이루고 싶은 오늘의 비전*Vision*

오늘을 살면서 누군가 또는 세상에 전한 사랑*Love*

오늘을 돌아보며 부족했던 점에 대한 반성*Reflection*

오늘 나에게 행복이 되어 준 감사*Thanks*

Date. 20 . .

God bless you

사람은 자연의 품에서 아기처럼 살아간다.
Man lives like a baby in the arms of nature.

이루고 싶은 오늘의 비전*Vision*

오늘을 살면서 누군가 또는 세상에 전한 사랑*Love*

오늘을 돌아보며 부족했던 점에 대한 반성*Reflection*

오늘 나에게 행복이 되어 준 감사*Thanks*

Date. 20 . .

God bless you

숭고한 희생은 존경과 명예의 대상이다.

Sublime sacrifice is the object of respect and honor.

이루고 싶은 오늘의 비전*Vision*

오늘을 살면서 누군가 또는 세상에 전한 사랑*Love*

168

오늘을 돌아보며 부족했던 점에 대한 반성*Reflection*

오늘 나에게 행복이 되어 준 감사*Thanks*

Date. 20 . .

God bless you

Miracle 158

하루 1㎜씩 성장하면 1년 후엔 혁신을 이룬다.

If you grow 1㎜ a day, you will be able to innovate a year later.

이루고 싶은 오늘의 비전*Vision*

오늘을 살면서 누군가 또는 세상에 전한 사랑*Love*

169

오늘을 돌아보며 부족했던 점에 대한 반성*Reflection*

오늘 나에게 행복이 되어 준 감사*Thanks*

Date. 20 . .

God bless you

시간은 공평하고 평가는 냉정하다.

Time is fair and evaluation is cold.

이루고 싶은 오늘의 비전*Vision*

_____

_____

오늘을 살면서 누군가 또는 세상에 전한 사랑*Love*

_____

_____

오늘을 돌아보며 부족했던 점에 대한 반성*Reflection*

_____

_____

오늘 나에게 행복이 되어 준 감사*Thanks*

_____

_____

Date. 20   .   .

God bless you

자족은 부족한 상황에서도 만족하는 능력이다.

Self - sufficiency is the ability to be satisfied even in a deficient situation.

이루고 싶은 오늘의 비전*Vision*

오늘을 살면서 누군가 또는 세상에 전한 사랑*Love*

171

오늘을 돌아보며 부족했던 점에 대한 반성*Reflection*

오늘 나에게 행복이 되어 준 감사*Thanks*

Date. 20 . .

God bless you

Miracle 161

시간을 잘 쓰는 사람은 늘 여유롭다.

People who use their time well are always relaxed.

이루고 싶은 오늘의 비전*Vision*

오늘을 살면서 누군가 또는 세상에 전한 사랑*Love*

오늘을 돌아보며 부족했던 점에 대한 반성*Reflection*

오늘 나에게 행복이 되어 준 감사*Thanks*

Date. 20   .   .

God bless you

Miracle 162

용모는 사랑을 주고, 성품은 행복을 준다.

Appearance gives love and personality gives happiness.

이루고 싶은 오늘의 비전*Vision*

오늘을 살면서 누군가 또는 세상에 전한 사랑*Love*

오늘을 돌아보며 부족했던 점에 대한 반성*Reflection*

오늘 나에게 행복이 되어 준 감사*Thanks*

Date. 20 . .

God bless you

Miracle 163

탁월한 리더는 인재를 알아본다.

An excellent leader recognizes talent.

이루고 싶은 오늘의 비전*Vision*

오늘을 살면서 누군가 또는 세상에 전한 사랑*Love*

174

오늘을 돌아보며 부족했던 점에 대한 반성*Reflection*

오늘 나에게 행복이 되어 준 감사*Thanks*

Date. 20 . .

God bless you

좋은 사람은 준 것은 잊고 받은 것은 기억한다.

A good man forgets what he gives and remembers what he receives.

이루고 싶은 오늘의 비전*Vision*

오늘을 살면서 누군가 또는 세상에 전한 사랑*Love*

오늘을 돌아보며 부족했던 점에 대한 반성*Reflection*

오늘 나에게 행복이 되어 준 감사*Thanks*

Date. 20 . .

God bless you

Miracle 165

시간을 아끼면 인생이 길어진다.

If you save time, your life will be long.

이루고 싶은 오늘의 비전*Vision*

_____

_____

오늘을 살면서 누군가 또는 세상에 전한 사랑*Love*

176

_____

_____

오늘을 돌아보며 부족했던 점에 대한 반성*Reflection*

_____

_____

오늘 나에게 행복이 되어 준 감사*Thanks*

_____

_____

Date. 20   .   .

God bless you

Miracle 166

삶에 열정이 있으면 노인도 청춘이다.

If there is passion in life, the elderly are also young.

이루고 싶은 오늘의 비전*Vision*

오늘을 살면서 누군가 또는 세상에 전한 사랑*Love*

오늘을 돌아보며 부족했던 점에 대한 반성*Reflection*

오늘 나에게 행복이 되어 준 감사*Thanks*

Date. 20 . .

God bless you

Miracle **167**

작은 차이가 큰 차이를 만든다.

A small difference makes a big difference.

이루고 싶은 오늘의 **비전** *Vision*

오늘을 살면서 누군가 또는 세상에 전한 **사랑** *Love*

오늘을 돌아보며 부족했던 점에 대한 **반성** *Reflection*

오늘 나에게 행복이 되어 준 **감사** *Thanks*

Date. 20 . .

God bless you

Miracle 168

짧은 낮잠은 휴식으로 먹는 비타민이다.

A short nap is a vitamin taken as a rest.

이루고 싶은 오늘의 비전*Vision*

오늘을 살면서 누군가 또는 세상에 전한 사랑*Love*

오늘을 돌아보며 부족했던 점에 대한 반성*Reflection*

오늘 나에게 행복이 되어 준 감사*Thanks*

Date. 20   .   .

God bless you

부족은 성장의 가능성을 의미한다.

Lack means the potential for growth.

이루고 싶은 오늘의 비전*Vision*

_____

_____

오늘을 살면서 누군가 또는 세상에 전한 사랑*Love*

180

_____

_____

오늘을 돌아보며 부족했던 점에 대한 반성*Reflection*

_____

_____

오늘 나에게 행복이 되어 준 감사*Thanks*

_____

_____

Date. 20 . .

God bless you

유혹은 독을 가득 담은 선물 상자다.

Temptation is a gift box full of poison.

이루고 싶은 오늘의 비전*Vision*

오늘을 살면서 누군가 또는 세상에 전한 사랑*Love*

181

오늘을 돌아보며 부족했던 점에 대한 반성*Reflection*

오늘 나에게 행복이 되어 준 감사*Thanks*

Date. 20 . .

God bless you

Miracle 171

게으름은 성장을 가로막는 질병이다.
Laziness is a disease that disturbs growth.

이루고 싶은 오늘의 비전*Vision*

_____

_____

오늘을 살면서 누군가 또는 세상에 전한 사랑*Love*

_____

_____

오늘을 돌아보며 부족했던 점에 대한 반성*Reflection*

_____

_____

오늘 나에게 행복이 되어 준 감사*Thanks*

_____

_____

Date. 20   .   .

God bless you

Miracle 172

뜨거운 태양이 시원한 그늘의 가치를 높인다.
The hot sun increases the value of cool shade.

이루고 싶은 오늘의 비전*Vision*

_____

_____

오늘을 살면서 누군가 또는 세상에 전한 사랑*Love*

_____

183

_____

오늘을 돌아보며 부족했던 점에 대한 반성*Reflection*

_____

_____

오늘 나에게 행복이 되어 준 감사*Thanks*

_____

_____

Date. 20 . .

God bless you

신은 주도적인 사람을 돕는다.
God helps the leading man.

이루고 싶은 오늘의 비전*Vision*

_____

_____

오늘을 살면서 누군가 또는 세상에 전한 사랑*Love*

_____

_____

오늘을 돌아보며 부족했던 점에 대한 반성*Reflection*

_____

_____

오늘 나에게 행복이 되어 준 감사*Thanks*

_____

_____

Date. 20 . .

God bless you

Miracle 174

걱정은 해결책을 깊이 숨긴다.
Worry deeply hides the solution.

이루고 싶은 오늘의 비전*Vision*

오늘을 살면서 누군가 또는 세상에 전한 사랑*Love*

오늘을 돌아보며 부족했던 점에 대한 반성*Reflection*

오늘 나에게 행복이 되어 준 감사*Thanks*

Date. 20   .   .

God bless you

Miracle 175

오늘의 땀은 훗날 환희의 눈물이다.
Today's sweat is tears of joy in the future.

이루고 싶은 오늘의 비전*Vision*

_____

_____

오늘을 살면서 누군가 또는 세상에 전한 사랑*Love*

_____

_____

오늘을 돌아보며 부족했던 점에 대한 반성*Reflection*

_____

_____

오늘 나에게 행복이 되어 준 감사*Thanks*

_____

_____

Date. 20   .   .

God bless you

전쟁은 파괴자, 평화는 수호자.

War is the destroyer, peace is the protector.

이루고 싶은 오늘의 비전*Vision*

_____

_____

오늘을 살면서 누군가 또는 세상에 전한 사랑*Love*

187

_____

_____

오늘을 돌아보며 부족했던 점에 대한 반성*Reflection*

_____

_____

오늘 나에게 행복이 되어 준 감사*Thanks*

_____

_____

Date. 20   .   .

God bless you

싸움은 대개 불쾌한 말에서 시작된다.

Fighting usually starts with unpleasant words.

이루고 싶은 오늘의 비전*Vision*

오늘을 살면서 누군가 또는 세상에 전한 사랑*Love*

오늘을 돌아보며 부족했던 점에 대한 반성*Reflection*

오늘 나에게 행복이 되어 준 감사*Thanks*

Date. 20   .   .

God bless you

Miracle 178

남을 위한 기도는 보람이 크고 응답도 빠르다.

Prayers for others are rewarding and quick to respond.

이루고 싶은 오늘의 비전*Vision*

오늘을 살면서 누군가 또는 세상에 전한 사랑*Love*

오늘을 돌아보며 부족했던 점에 대한 반성*Reflection*

오늘 나에게 행복이 되어 준 감사*Thanks*

Date. 20 . .

God bless you

채우는 것보다 비우는 것이 더 어렵다.

It's harder to empty than to fill.

이루고 싶은 오늘의 비전*Vision*

오늘을 살면서 누군가 또는 세상에 전한 사랑*Love*

오늘을 돌아보며 부족했던 점에 대한 반성*Reflection*

오늘 나에게 행복이 되어 준 감사*Thanks*

Date. 20 . .

God bless you

부모는 자녀에게 아낌없이 주는 나무다.

Parents are trees that give generously to their children.

이루고 싶은 오늘의 비전*Vision*

오늘을 살면서 누군가 또는 세상에 전한 **사랑***Love*

191

오늘을 돌아보며 부족했던 점에 대한 **반성***Reflection*

오늘 나에게 행복이 되어 준 **감사***Thanks*

Date. 20 . .

God bless you

몽상가는 생각하고 실행가는 행동한다.

Dreamers think and doers act.

이루고 싶은 오늘의 비전*Vision*

_____

_____

오늘을 살면서 누군가 또는 세상에 전한 사랑*Love*

_____

_____

오늘을 돌아보며 부족했던 점에 대한 반성*Reflection*

_____

_____

오늘 나에게 행복이 되어 준 감사*Thanks*

_____

_____

Date. 20 . .

God bless you

시작하는 사람은 많지만 끝까지 하는 사람은 적다.

There are many who start, but few who finish.

이루고 싶은 오늘의 비전*Vision*

오늘을 살면서 누군가 또는 세상에 전한 사랑*Love*

193

오늘을 돌아보며 부족했던 점에 대한 반성*Reflection*

오늘 나에게 행복이 되어 준 감사*Thanks*

Date. 20 . .

God bless you

Miracle 183

가식적인 칭찬은 꾸짖는 것보다 못하다.

Fake praise is worse than scolding.

이루고 싶은 오늘의 비전*Vision*

오늘을 살면서 누군가 또는 세상에 전한 사랑*Love*

오늘을 돌아보며 부족했던 점에 대한 반성*Reflection*

오늘 나에게 행복이 되어 준 감사*Thanks*

Date. 20   .   .

God bless you

이기심은 미성숙한 사람이 갖는 욕심이다.

Selfishness is the greed of an immature person.

이루고 싶은 오늘의 비전*Vision*

오늘을 살면서 누군가 또는 세상에 전한 사랑*Love*

오늘을 돌아보며 부족했던 점에 대한 반성*Reflection*

오늘 나에게 행복이 되어 준 감사*Thanks*

Date. 20 . .

God bless you

살아 있는 사람에게는 매일이 생일이다.

Every day is a birthday for a living person.

이루고 싶은 오늘의 비전*Vision*

_____

_____

오늘을 살면서 누군가 또는 세상에 전한 사랑*Love*

_____

_____

오늘을 돌아보며 부족했던 점에 대한 반성*Reflection*

_____

_____

오늘 나에게 행복이 되어 준 감사*Thanks*

_____

_____

Date. 20 . .

God bless you

Miracle 186

주인공처럼 살면 진짜 주인공이 된다.

If you live like a protagonist, you become a real protagonist.

이루고 싶은 오늘의 비전*Vision*

오늘을 살면서 누군가 또는 세상에 전한 사랑*Love*

오늘을 돌아보며 부족했던 점에 대한 반성*Reflection*

오늘 나에게 행복이 되어 준 감사*Thanks*

Date. 20   .   .

God bless you

Miracle 187

스스로 배우는 사람은 학생이자 교사이다.
A self - learner is a student and a teacher.

이루고 싶은 오늘의 비전*Vision*

오늘을 살면서 누군가 또는 세상에 전한 사랑*Love*

오늘을 돌아보며 부족했던 점에 대한 반성*Reflection*

오늘 나에게 행복이 되어 준 감사*Thanks*

Date. 20 . .

God bless you

자주 자랑하는 사람은 내면의 결핍이 있다.

A man who brags often has an inner deficiency.

이루고 싶은 오늘의 비전*Vision*

오늘을 살면서 누군가 또는 세상에 전한 사랑*Love*

199

오늘을 돌아보며 부족했던 점에 대한 반성*Reflection*

오늘 나에게 행복이 되어 준 감사*Thanks*

Date. 20 . .

God bless you

배려하고 양보하면 마음이 배부르다.

If you are considerate and give way, your heart is full.

이루고 싶은 오늘의 비전*Vision*

오늘을 살면서 누군가 또는 세상에 전한 사랑*Love*

200

오늘을 돌아보며 부족했던 점에 대한 반성*Reflection*

오늘 나에게 행복이 되어 준 감사*Thanks*

Date. 20 . .

God bless you

Miracle 190

아침이 설레면 하루가 사랑스럽다.

When the morning is exciting, the day is lovely.

이루고 싶은 오늘의 비전*Vision*

오늘을 살면서 누군가 또는 세상에 전한 사랑*Love*

201

오늘을 돌아보며 부족했던 점에 대한 반성*Reflection*

오늘 나에게 행복이 되어 준 감사*Thanks*

Date. 20   .   .

God bless you

꿈이 있으면 노력이 즐겁다.

If you have a dream, your efforts are pleasant.

이루고 싶은 오늘의 비전*Vision*

_____

_____

오늘을 살면서 누군가 또는 세상에 전한 사랑*Love*

_____

_____

오늘을 돌아보며 부족했던 점에 대한 반성*Reflection*

_____

_____

오늘 나에게 행복이 되어 준 감사*Thanks*

_____

_____

Date. 20 . .

God bless you

때를 놓치면 음식도 맛이 없고, 인생도 맛이 없다.

If you miss the right time, the food is tasteless and life is tasteless.

이루고 싶은 오늘의 비전*Vision*

오늘을 살면서 누군가 또는 세상에 전한 사랑*Love*

203

오늘을 돌아보며 부족했던 점에 대한 반성*Reflection*

오늘 나에게 행복이 되어 준 감사*Thanks*

Date. 20 . .

God bless you

간절히 원한다면 열심히 일궈야 한다.

If you want it badly, you have to work hard.

이루고 싶은 오늘의 비전*Vision*

오늘을 살면서 누군가 또는 세상에 전한 사랑*Love*

오늘을 돌아보며 부족했던 점에 대한 반성*Reflection*

오늘 나에게 행복이 되어 준 감사*Thanks*

Date. 20   .   .

God bless you

Miracle 194

실행이 없는 깨달음은 쓸모가 없다.
Realization without practice is useless.

이루고 싶은 오늘의 비전*Vision*

오늘을 살면서 누군가 또는 세상에 전한 사랑*Love*

오늘을 돌아보며 부족했던 점에 대한 반성*Reflection*

오늘 나에게 행복이 되어 준 감사*Thanks*

Date. 20   .   .

God bless you

선입견은 옳은 판단을 방해하는 가시다.

Prejudice is a thorn that hinders right judgment.

이루고 싶은 오늘의 비전*Vision*

오늘을 살면서 누군가 또는 세상에 전한 사랑*Love*

206

오늘을 돌아보며 부족했던 점에 대한 반성*Reflection*

오늘 나에게 행복이 되어 준 감사*Thanks*

Date. 20 . .

God bless you

좋은 사람에게도 가끔은 못난 마음이 있다.

Good people sometimes have an ugly heart.

이루고 싶은 오늘의 비전*Vision*

오늘을 살면서 누군가 또는 세상에 전한 사랑*Love*

207

오늘을 돌아보며 부족했던 점에 대한 반성*Reflection*

오늘 나에게 행복이 되어 준 감사*Thanks*

Date. 20 . .

God bless you

불의를 버리고 선택한 가난은 큰 명예다.

Abandoning injustice, choosing poverty is a great honor.

이루고 싶은 오늘의 비전*Vision*

오늘을 살면서 누군가 또는 세상에 전한 사랑*Love*

오늘을 돌아보며 부족했던 점에 대한 반성*Reflection*

오늘 나에게 행복이 되어 준 감사*Thanks*

Date. 20 . .

God bless you

양심은 질서가 되고 질서는 법을 만든다.

Conscience makes order and order makes law.

이루고 싶은 오늘의 비전*Vision*

오늘을 살면서 누군가 또는 세상에 전한 사랑*Love*

오늘을 돌아보며 부족했던 점에 대한 반성*Reflection*

오늘 나에게 행복이 되어 준 감사*Thanks*

Date. 20 . .

God bless you

돈을 영원히 소유하는 방법은 나눔이다.
The way to keep money forever is by sharing.

이루고 싶은 오늘의 **비전**<i>Vision</i>

_____

_____

오늘을 살면서 누군가 또는 세상에 전한 사랑<i>Love</i>

210

_____

_____

오늘을 돌아보며 부족했던 점에 대한 반성<i>Reflection</i>

_____

_____

오늘 나에게 행복이 되어 준 감사<i>Thanks</i>

_____

_____

Date. 20 . .

God bless you

Miracle 200

사람은 계획하고 하늘은 이끈다.
Man plans and heaven leads.

이루고 싶은 오늘의 비전*Vision*

오늘을 살면서 누군가 또는 세상에 전한 사랑*Love*

오늘을 돌아보며 부족했던 점에 대한 반성*Reflection*

오늘 나에게 행복이 되어 준 감사*Thanks*

Date. 20   .   .

God bless you

앞자리를 좋아하면 높은 자리가 가깝다.

If you like the front seat, the high position is close.

이루고 싶은 오늘의 비전*Vision*

_____

_____

오늘을 살면서 누군가 또는 세상에 전한 사랑*Love*

_____

_____

오늘을 돌아보며 부족했던 점에 대한 반성*Reflection*

_____

_____

오늘 나에게 행복이 되어 준 감사*Thanks*

_____

_____

Date. 20 . .

God bless you

배움을 즐기는 사람은 훌륭한 학자다.

A man who enjoys learning is a good scholar.

이루고 싶은 오늘의 비전*Vision*

오늘을 살면서 누군가 또는 세상에 전한 사랑*Love*

오늘을 돌아보며 부족했던 점에 대한 반성*Reflection*

오늘 나에게 행복이 되어 준 감사*Thanks*

Date. 20 . .

God bless you

하루의 평가는 선을 행함과 감사에 달렸다.

A day's assessment depends on good deeds and appreciation.

이루고 싶은 오늘의 비전*Vision*

오늘을 살면서 누군가 또는 세상에 전한 사랑*Love*

오늘을 돌아보며 부족했던 점에 대한 반성*Reflection*

오늘 나에게 행복이 되어 준 감사*Thanks*

Date. 20 . .

God bless you

가장 많이 배우는 때는 가르침을 준비할 때이다.

The time to learn the most is to prepare for teaching.

이루고 싶은 오늘의 비전*Vision*

오늘을 살면서 누군가 또는 세상에 전한 사랑*Love*

오늘을 돌아보며 부족했던 점에 대한 반성*Reflection*

오늘 나에게 행복이 되어 준 감사*Thanks*

Date. 20   .   .

God bless you

목소리를 가꾸면 매력의 꽃이 핀다.

When you care your voice, the flower of charm blooms.

이루고 싶은 오늘의 비전*Vision*

_____

_____

오늘을 살면서 누군가 또는 세상에 전한 사랑*Love*

_____

_____

오늘을 돌아보며 부족했던 점에 대한 반성*Reflection*

_____

_____

오늘 나에게 행복이 되어 준 감사*Thanks*

_____

_____

Date. 20 . .

God bless you

화를 다스리면 품격의 권위자가 된다.

Control anger makes you an authority of dignity.

이루고 싶은 오늘의 비전*Vision*

오늘을 살면서 누군가 또는 세상에 전한 사랑*Love*

217

오늘을 돌아보며 부족했던 점에 대한 반성*Reflection*

오늘 나에게 행복이 되어 준 감사*Thanks*

Date. 20 . .

God bless you

긍정은 다가오던 화를 복으로 바꾼다.

Positivity turns the approaching anger into luck.

이루고 싶은 오늘의 비전*Vision*

오늘을 살면서 누군가 또는 세상에 전한 사랑*Love*

218

오늘을 돌아보며 부족했던 점에 대한 반성*Reflection*

오늘 나에게 행복이 되어 준 감사*Thanks*

Date. 20 . .

God bless you

표현하지 않는 마음은 밀봉된 향수다.
An unexpressed heart is a sealed perfume.

이루고 싶은 오늘의 비전*Vision*

_____

_____

오늘을 살면서 누군가 또는 세상에 전한 사랑*Love*

_____

_____

오늘을 돌아보며 부족했던 점에 대한 반성*Reflection*

_____

_____

오늘 나에게 행복이 되어 준 감사*Thanks*

_____

_____

Date. 20   .   .

God bless you

Miracle 209

귀를 열면 지혜가 몰려온다.

When you open your ears, wisdom comes in.

이루고 싶은 오늘의 비전*Vision*

오늘을 살면서 누군가 또는 세상에 전한 사랑*Love*

오늘을 돌아보며 부족했던 점에 대한 반성*Reflection*

오늘 나에게 행복이 되어 준 감사*Thanks*

Date. 20   .   .

God bless you

Miracle 210

비판을 자주 하는 사람은 비난받기 쉽다.

People who criticize often are liable to blame.

이루고 싶은 오늘의 비전*Vision*

오늘을 살면서 누군가 또는 세상에 전한 사랑*Love*

오늘을 돌아보며 부족했던 점에 대한 반성*Reflection*

오늘 나에게 행복이 되어 준 감사*Thanks*

Date. 20 . .

God bless you

친구가 많으면 우정의 깊이는 얕다.

If you have many friends, the depth of friendship is shallow.

이루고 싶은 오늘의 비전*Vision*

오늘을 살면서 누군가 또는 세상에 전한 사랑*Love*

오늘을 돌아보며 부족했던 점에 대한 반성*Reflection*

오늘 나에게 행복이 되어 준 감사*Thanks*

Date. 20   .   .

God bless you

절제는 부와 명예와 건강의 인증서다.

Moderation is a certificate of wealth, honor and health.

이루고 싶은 오늘의 비전*Vision*

오늘을 살면서 누군가 또는 세상에 전한 **사랑***Love*

223

오늘을 돌아보며 부족했던 점에 대한 **반성***Reflection*

오늘 나에게 행복이 되어 준 **감사***Thanks*

Date. 20 . .

God bless you

충고를 자주 하는 사람은 충고를 듣기는 싫어한다.

People who give advice often don't like to listen to it.

이루고 싶은 오늘의 비전*Vision*

_____

_____

오늘을 살면서 누군가 또는 세상에 전한 사랑*Love*

_____

_____

오늘을 돌아보며 부족했던 점에 대한 반성*Reflection*

_____

_____

오늘 나에게 행복이 되어 준 감사*Thanks*

_____

_____

Date. 20   .   .

God bless you

내면이 강한 사람은 대체로 표정이 부드럽다.
A strong - minded person usually has a soft expression.

이루고 싶은 오늘의 비전*Vision*

오늘을 살면서 누군가 또는 세상에 전한 사랑*Love*

오늘을 돌아보며 부족했던 점에 대한 반성*Reflection*

오늘 나에게 행복이 되어 준 감사*Thanks*

Date. 20 . .

God bless you

욕심은 채우기 바쁘고, 자선은 나누기 바쁘다.
Greed is busy filling and charity is busy sharing.

이루고 싶은 오늘의 비전*Vision*

오늘을 살면서 누군가 또는 세상에 전한 사랑*Love*

오늘을 돌아보며 부족했던 점에 대한 반성*Reflection*

오늘 나에게 행복이 되어 준 감사*Thanks*

Date. 20 . .

God bless you

좋은 생각은 좋은 말을 공급하는 샘이다.

Good thoughts are fountains that supply good words.

이루고 싶은 오늘의 비전*Vision*

오늘을 살면서 누군가 또는 세상에 전한 사랑*Love*

227

오늘을 돌아보며 부족했던 점에 대한 반성*Reflection*

오늘 나에게 행복이 되어 준 감사*Thanks*

Date. 20 . .

God bless you

위대한 발견은 작은 관심에서 시작된다.

Great discoveries begin with a small interest.

이루고 싶은 오늘의 비전*Vision*

_____

_____

오늘을 살면서 누군가 또는 세상에 전한 사랑*Love*

_____

_____

오늘을 돌아보며 부족했던 점에 대한 반성*Reflection*

_____

_____

오늘 나에게 행복이 되어 준 감사*Thanks*

_____

_____

Date. 20 . .

God bless you

시소처럼 내가 상대를 높이면 상대도 나를 높인다.

Like a seesaw, when I raise my opponent, he raises me.

이루고 싶은 오늘의 비전*Vision*

오늘을 살면서 누군가 또는 세상에 전한 사랑*Love*

229

오늘을 돌아보며 부족했던 점에 대한 반성*Reflection*

오늘 나에게 행복이 되어 준 감사*Thanks*

Date. 20 . .

God bless you

과거에 머물러 있으면 미래에 가기 어렵다.

It's hard to go to the future if you stay in the past.

이루고 싶은 오늘의 비전*Vision*

오늘을 살면서 누군가 또는 세상에 전한 사랑*Love*

오늘을 돌아보며 부족했던 점에 대한 반성*Reflection*

오늘 나에게 행복이 되어 준 감사*Thanks*

Date. 20 . .

God bless you

식탐은 육신을 기쁘게 하고, 정신을 슬프게 한다.
Gluttony delights the body and saddens the spirit.

이루고 싶은 오늘의 비전*Vision*

오늘을 살면서 누군가 또는 세상에 전한 사랑*Love*

231

오늘을 돌아보며 부족했던 점에 대한 반성*Reflection*

오늘 나에게 행복이 되어 준 감사*Thanks*

Date. 20 . .

God bless you

Miracle 221

평범한 일상은 홀대받는 기적이다.
Ordinary life is a neglected miracle.

이루고 싶은 오늘의 비전*Vision*

오늘을 살면서 누군가 또는 세상에 전한 사랑*Love*

오늘을 돌아보며 부족했던 점에 대한 반성*Reflection*

오늘 나에게 행복이 되어 준 감사*Thanks*

Date. 20 . .

God bless you

Miracle 222

정직해서 본 손해는 자랑스런 포상이다.

The loss of honesty is a proud reward.

이루고 싶은 오늘의 비전*Vision*

오늘을 살면서 누군가 또는 세상에 전한 사랑*Love*

오늘을 돌아보며 부족했던 점에 대한 반성*Reflection*

오늘 나에게 행복이 되어 준 감사*Thanks*

Date. 20   .   .

God bless you

사람들이 찾는 답은 대개 가까이에 있다.

The answer people seek is usually near.

이루고 싶은 오늘의 비전*Vision*

오늘을 살면서 누군가 또는 세상에 전한 사랑*Love*

오늘을 돌아보며 부족했던 점에 대한 반성*Reflection*

오늘 나에게 행복이 되어 준 감사*Thanks*

Date. 20 . .

God bless you

겸손으로 낮추면 존경으로 높아진다.

If lowered to humility, raised to respect.

이루고 싶은 오늘의 비전*Vision*

오늘을 살면서 누군가 또는 세상에 전한 사랑*Love*

오늘을 돌아보며 부족했던 점에 대한 반성*Reflection*

오늘 나에게 행복이 되어 준 감사*Thanks*

Date. 20   .   .

God bless you

위풍당당한 사람은 눈이 맑고 어깨가 펴진다.

A stately man has clear eyes and stretches his shoulders.

이루고 싶은 오늘의 비전*Vision*

_____

_____

오늘을 살면서 누군가 또는 세상에 전한 사랑*Love*

236

_____

_____

오늘을 돌아보며 부족했던 점에 대한 반성*Reflection*

_____

_____

오늘 나에게 행복이 되어 준 감사*Thanks*

_____

_____

Date. 20 . .

God bless you

Miracle 226

역사는 위인도 기억하고 악인도 기억한다.

History remembers great men and evil men.

이루고 싶은 오늘의 비전*Vision*

오늘을 살면서 누군가 또는 세상에 전한 사랑*Love*

오늘을 돌아보며 부족했던 점에 대한 반성*Reflection*

오늘 나에게 행복이 되어 준 감사*Thanks*

Date. 20 . .

God bless you

속박의 경험자는 자유의 가치를 잘 안다.

He who has experience in bondage knows the value of freedom well.

이루고 싶은 오늘의 비전*Vision*

_____

_____

오늘을 살면서 누군가 또는 세상에 전한 사랑*Love*

238

_____

_____

오늘을 돌아보며 부족했던 점에 대한 반성*Reflection*

_____

_____

오늘 나에게 행복이 되어 준 감사*Thanks*

_____

_____

Date. 20   .   .

God bless you

Miracle 228

자유의 전제 조건은 절제다.

The prerequisite for freedom is moderation.

이루고 싶은 오늘의 비전*Vision*

오늘을 살면서 누군가 또는 세상에 전한 사랑*Love*

오늘을 돌아보며 부족했던 점에 대한 반성*Reflection*

오늘 나에게 행복이 되어 준 감사*Thanks*

Date. 20 . .

God bless you

Miracle 229

기회는 준비하는 사람과 소리 없이 동행한다.

Opportunities accompany those who prepare silently.

이루고 싶은 오늘의 비전*Vision*

오늘을 살면서 누군가 또는 세상에 전한 사랑*Love*

오늘을 돌아보며 부족했던 점에 대한 반성*Reflection*

오늘 나에게 행복이 되어 준 감사*Thanks*

Date. 20 . .

God bless you

걸음걸이에 그 사람의 정신세계가 있다.

There is a world of his mind in his walk.

이루고 싶은 오늘의 비전*Vision*

오늘을 살면서 누군가 또는 세상에 전한 사랑*Love*

오늘을 돌아보며 부족했던 점에 대한 반성*Reflection*

오늘 나에게 행복이 되어 준 감사*Thanks*

Date. 20 . .

God bless you

사상이 균형을 잃으면 독선에 빠진다.

When your thoughts lose balance, you fall into self - righteousness.

이루고 싶은 오늘의 **비전***Vision*

오늘을 살면서 누군가 또는 세상에 전한 사랑*Love*

오늘을 돌아보며 부족했던 점에 대한 반성*Reflection*

오늘 나에게 행복이 되어 준 감사*Thanks*

Date. 20 . .

God bless you

Miracle 232

창조는 발전하고, 안주는 퇴보한다.
Creation develops, complacency regresses.

이루고 싶은 오늘의 비전*Vision*

_____

_____

오늘을 살면서 누군가 또는 세상에 전한 사랑*Love*

243

_____

_____

오늘을 돌아보며 부족했던 점에 대한 반성*Reflection*

_____

_____

오늘 나에게 행복이 되어 준 감사*Thanks*

_____

_____

Date. 20   .   .

God bless you

Miracle 233

식물은 생각하고, 동물은 행동한다.

Plants think and animals act.

이루고 싶은 오늘의 비전*Vision*

오늘을 살면서 누군가 또는 세상에 전한 사랑*Love*

오늘을 돌아보며 부족했던 점에 대한 반성*Reflection*

오늘 나에게 행복이 되어 준 감사*Thanks*

Date. 20   .   .

God bless you

Miracle 234

비웃는 사람은 비웃음당한다.
Those who ridicule are laughed at.

이루고 싶은 오늘의 비전*Vision*

오늘을 살면서 누군가 또는 세상에 전한 사랑*Love*

오늘을 돌아보며 부족했던 점에 대한 반성*Reflection*

오늘 나에게 행복이 되어 준 감사*Thanks*

Date. 20   .   .

God bless you

게으름의 수렁에 빠지면 선물 받기도 귀찮다.

It's annoying to get a gift when you're in the mire of laziness.

이루고 싶은 오늘의 비전*Vision*

오늘을 살면서 누군가 또는 세상에 전한 사랑*Love*

오늘을 돌아보며 부족했던 점에 대한 반성*Reflection*

오늘 나에게 행복이 되어 준 감사*Thanks*

Date. 20 . .

God bless you

실패 없는 성공은 날개 없이 추락하기 쉽다.

Success without failure is liable to fall without wings.

이루고 싶은 오늘의 비전*Vision*

오늘을 살면서 누군가 또는 세상에 전한 사랑*Love*

오늘을 돌아보며 부족했던 점에 대한 반성*Reflection*

오늘 나에게 행복이 되어 준 감사*Thanks*

Date. 20   .   .

God bless you

진정한 친구는 자주 생각나고 자주 보고 싶다.

True friends often come to mind and want to see them often.

이루고 싶은 오늘의 비전*Vision*

오늘을 살면서 누군가 또는 세상에 전한 사랑*Love*

오늘을 돌아보며 부족했던 점에 대한 반성*Reflection*

오늘 나에게 행복이 되어 준 감사*Thanks*

Date. 20 . .

God bless you

Miracle **238**

용서는 악을 선으로 바꾸는 힘이 있다.

Forgiveness has the power to turn evil into good.

이루고 싶은 오늘의 비전*Vision*

오늘을 살면서 누군가 또는 세상에 전한 사랑*Love*

249

오늘을 돌아보며 부족했던 점에 대한 반성*Reflection*

오늘 나에게 행복이 되어 준 감사*Thanks*

Date. 20　　.　　.

God bless you

Miracle **239**

마음이 웃으면 얼굴도 웃는다.
When the heart laughs, so does the face.

이루고 싶은 오늘의 비전*Vision*

_____

_____

오늘을 살면서 누군가 또는 세상에 전한 사랑*Love*

_____

_____

오늘을 돌아보며 부족했던 점에 대한 반성*Reflection*

_____

_____

오늘 나에게 행복이 되어 준 **감사***Thanks*

_____

_____

Date. 20 . .

God bless you

Miracle 240

힘들다는 것은 그만한 가치가 있다는 뜻이다.

Tough means it's worth it.

이루고 싶은 오늘의 비전*Vision*

오늘을 살면서 누군가 또는 세상에 전한 사랑*Love*

251

오늘을 돌아보며 부족했던 점에 대한 반성*Reflection*

오늘 나에게 행복이 되어 준 감사*Thanks*

Date. 20   .   .

God bless you

시간관리는 단순히 잠을 줄이는 것을 의미하지는 않는다.

Time management does not simply mean reducing sleep.

이루고 싶은 오늘의 비전*Vision*

오늘을 살면서 누군가 또는 세상에 전한 사랑*Love*

오늘을 돌아보며 부족했던 점에 대한 반성*Reflection*

오늘 나에게 행복이 되어 준 감사*Thanks*

Date. 20 . .

God bless you

Miracle 242

경청하는 사람은 존경받는 사람이다.

He who listens is a respected man.

이루고 싶은 오늘의 비전*Vision*

오늘을 살면서 누군가 또는 세상에 전한 사랑*Love*

오늘을 돌아보며 부족했던 점에 대한 반성*Reflection*

오늘 나에게 행복이 되어 준 감사*Thanks*

Date. 20 . .

God bless you

친구는 질투하고, 좋은 친구는 축하한다.

Friends are jealous and good friends congratulate.

이루고 싶은 오늘의 비전*Vision*

오늘을 살면서 누군가 또는 세상에 전한 사랑*Love*

254

오늘을 돌아보며 부족했던 점에 대한 반성*Reflection*

오늘 나에게 행복이 되어 준 감사*Thanks*

Date. 20 . .

God bless you

마음의 상처는 육체의 질병을 가져온다.

Wounds in the mind bring physical illness.

이루고 싶은 오늘의 비전*Vision*

오늘을 살면서 누군가 또는 세상에 전한 **사랑***Love*

255

오늘을 돌아보며 부족했던 점에 대한 **반성***Reflection*

오늘 나에게 행복이 되어 준 감사*Thanks*

Date. 20 . .

God bless you

Miracle 245

재물이 많아지면 유혹도 많아진다.

More wealth leads to more temptation.

이루고 싶은 오늘의 비전*Vision*

_____

_____

오늘을 살면서 누군가 또는 세상에 전한 사랑*Love*

_____

_____

오늘을 돌아보며 부족했던 점에 대한 반성*Reflection*

_____

_____

오늘 나에게 행복이 되어 준 감사*Thanks*

_____

_____

Date. 20 . .

God bless you

분노를 통제할 수 없는 것은 미성숙의 증거다.

The inability to control anger is proof of immaturity.

이루고 싶은 오늘의 비전*Vision*

오늘을 살면서 누군가 또는 세상에 전한 사랑*Love*

257

오늘을 돌아보며 부족했던 점에 대한 반성*Reflection*

오늘 나에게 행복이 되어 준 감사*Thanks*

Date. 20 . .

God bless you

배움은 지식을 주고, 경험은 지혜를 준다.

Learning gives knowledge and experience gives wisdom.

이루고 싶은 오늘의 비전*Vision*

_____

_____

오늘을 살면서 누군가 또는 세상에 전한 사랑*Love*

_____

_____

오늘을 돌아보며 부족했던 점에 대한 반성*Reflection*

_____

_____

오늘 나에게 행복이 되어 준 감사*Thanks*

_____

_____

Date. 20 . .

God bless you

미안함을 전하는 사과는 따뜻한 용기다.

An apology is a warm courage.

이루고 싶은 오늘의 비전*Vision*

오늘을 살면서 누군가 또는 세상에 전한 사랑*Love*

259

오늘을 돌아보며 부족했던 점에 대한 반성*Reflection*

오늘 나에게 행복이 되어 준 감사*Thanks*

Date. 20   .   .

God bless you

풍족이 만족을 의미하지는 않는다.

Abundance does not mean satisfaction.

이루고 싶은 오늘의 비전*Vision*

오늘을 살면서 누군가 또는 세상에 전한 사랑*Love*

오늘을 돌아보며 부족했던 점에 대한 반성*Reflection*

오늘 나에게 행복이 되어 준 감사*Thanks*

Date. 20 . .

God bless you

거친 태풍이 바다 밑 땅을 일군다.

A rough typhoon plows the ground under the sea.

이루고 싶은 오늘의 비전*Vision*

오늘을 살면서 누군가 또는 세상에 전한 사랑*Love*

261

오늘을 돌아보며 부족했던 점에 대한 반성*Reflection*

오늘 나에게 행복이 되어 준 감사*Thanks*

Date. 20 . .

God bless you

찢어진 우산도 고마울 때가 있다.

There are times when I am thankful for a torn umbrella.

이루고 싶은 오늘의 비전*Vision*

오늘을 살면서 누군가 또는 세상에 전한 사랑*Love*

오늘을 돌아보며 부족했던 점에 대한 반성*Reflection*

오늘 나에게 행복이 되어 준 감사*Thanks*

Date. 20   .   .

God bless you

Miracle 252

한 사람을 잘 키우면 많은 사람이 행복하다.

If you raise one person well, many people are happy.

이루고 싶은 오늘의 비전*Vision*

오늘을 살면서 누군가 또는 세상에 전한 사랑*Love*

263

오늘을 돌아보며 부족했던 점에 대한 반성*Reflection*

오늘 나에게 행복이 되어 준 감사*Thanks*

Date. 20 . .

God bless you

Miracle 253

행복은 세상 속에 있지 않고 마음속에 있다.

Happiness is in the heart, not in the world.

이루고 싶은 오늘의 비전*Vision*

_____

_____

오늘을 살면서 누군가 또는 세상에 전한 사랑*Love*

_____

_____

오늘을 돌아보며 부족했던 점에 대한 반성*Reflection*

_____

_____

오늘 나에게 행복이 되어 준 감사*Thanks*

_____

_____

Date. 20   .   .

God bless you

불편한 구두보다 편한 고무신이 낫다.

Comfortable rubber shoes are better than uncomfortable high shoes.

이루고 싶은 오늘의 비전*Vision*

오늘을 살면서 누군가 또는 세상에 전한 사랑*Love*

265

오늘을 돌아보며 부족했던 점에 대한 반성*Reflection*

오늘 나에게 행복이 되어 준 감사*Thanks*

Date. 20 . .

God bless you

좋은 첫인상은 비싼 보석보다 가치 있다.

A good first impression is worth more than an expensive gem.

이루고 싶은 오늘의 비전*Vision*

_____

_____

오늘을 살면서 누군가 또는 세상에 전한 사랑*Love*

_____

_____

오늘을 돌아보며 부족했던 점에 대한 반성*Reflection*

_____

_____

오늘 나에게 행복이 되어 준 감사*Thanks*

_____

_____

Date. 20   .   .

God bless you

누군가를 너무 많이 알면 존경하기 어렵다.
It's hard to respect someone if you know too much of someone.

이루고 싶은 오늘의 비전*Vision*

오늘을 살면서 누군가 또는 세상에 전한 사랑*Love*

267

오늘을 돌아보며 부족했던 점에 대한 반성*Reflection*

오늘 나에게 행복이 되어 준 감사*Thanks*

Date. 20 . .

God bless you

솔선수범은 탁월한 가르침의 도구다.
Taking the initiative is an excellent teaching tool.

이루고 싶은 오늘의 비전*Vision*

오늘을 살면서 누군가 또는 세상에 전한 사랑*Love*

오늘을 돌아보며 부족했던 점에 대한 반성*Reflection*

오늘 나에게 행복이 되어 준 감사*Thanks*

Date. 20   .   .

God bless you

지혜로운 사람은 잃기 전에 소중함을 안다.

A wise man knows what is precious before he loses.

이루고 싶은 오늘의 비전*Vision*

_____

_____

오늘을 살면서 누군가 또는 세상에 전한 사랑*Love*

_____

269

_____

오늘을 돌아보며 부족했던 점에 대한 반성*Reflection*

_____

_____

오늘 나에게 행복이 되어 준 감사*Thanks*

_____

_____

Date. 20   .   .

God bless you

Miracle 259

착한 사람은 착한 척하지 않는다.
Good people don't pretend to be good.

이루고 싶은 오늘의 비전*Vision*

_____

_____

오늘을 살면서 누군가 또는 세상에 전한 사랑*Love*

_____

_____

오늘을 돌아보며 부족했던 점에 대한 반성*Reflection*

_____

_____

오늘 나에게 행복이 되어 준 감사*Thanks*

_____

_____

Date. 20   .   .

God bless you

Miracle 260

미루는 습관을 버리면 성장을 앞당긴다.

Breaking the habit of procrastinating will speed up growth.

이루고 싶은 오늘의 비전*Vision*

오늘을 살면서 누군가 또는 세상에 전한 사랑*Love*

271

오늘을 돌아보며 부족했던 점에 대한 반성*Reflection*

오늘 나에게 행복이 되어 준 감사*Thanks*

Date. 20 . .

God bless you

한 가지를 잘하면 다른 것도 잘할 수 있다.

If you are good at one thing, you can do other things well.

이루고 싶은 오늘의 비전*Vision*

오늘을 살면서 누군가 또는 세상에 전한 사랑*Love*

오늘을 돌아보며 부족했던 점에 대한 반성*Reflection*

오늘 나에게 행복이 되어 준 감사*Thanks*

Date. 20 . .

God bless you

훌륭한 리더는 네 덕 내 탓이라고 말한다.

A good leader says that thanks to you and it's my fault.

이루고 싶은 오늘의 비전*Vision*

오늘을 살면서 누군가 또는 세상에 전한 사랑*Love*

273

오늘을 돌아보며 부족했던 점에 대한 반성*Reflection*

오늘 나에게 행복이 되어 준 감사*Thanks*

Date. 20 . .

God bless you

Miracle 263

부정하게 얻은 명예는 불명예다.

Unfair honor is a disgrace.

이루고 싶은 오늘의 비전*Vision*

_____

_____

오늘을 살면서 누군가 또는 세상에 전한 사랑*Love*

_____

_____

오늘을 돌아보며 부족했던 점에 대한 반성*Reflection*

_____

_____

오늘 나에게 행복이 되어 준 감사*Thanks*

_____

_____

Date. 20   .   .

God bless you

가족을 위한 수고는 고통이 아니라 행복이다.

Hard work for the family is happiness, not sacrifice.

이루고 싶은 오늘의 비전*Vision*

오늘을 살면서 누군가 또는 세상에 전한 사랑*Love*

275

오늘을 돌아보며 부족했던 점에 대한 반성*Reflection*

오늘 나에게 행복이 되어 준 감사*Thanks*

Date. 20 . .

God bless you

나쁜 말은 화를 부르고, 좋은 말은 복을 부른다.
Bad words bring anger, good words bring blessings.

이루고 싶은 오늘의 **비전***Vision*

오늘을 살면서 누군가 또는 세상에 전한 사랑*Love*

오늘을 돌아보며 부족했던 점에 대한 반성*Reflection*

오늘 나에게 행복이 되어 준 감사*Thanks*

Date. 20 . .

God bless you

Miracle 266

권력을 남발하면 폭력이 된다.

Excessive use of power leads to violence.

이루고 싶은 오늘의 비전*Vision*

오늘을 살면서 누군가 또는 세상에 전한 사랑*Love*

오늘을 돌아보며 부족했던 점에 대한 반성*Reflection*

오늘 나에게 행복이 되어 준 감사*Thanks*

Date. 20 . .

God bless you

우연이 반복되면 필연이다.

It is an inevitability if coincidences are repeated.

이루고 싶은 오늘의 비전*Vision*

오늘을 살면서 누군가 또는 세상에 전한 사랑*Love*

278

오늘을 돌아보며 부족했던 점에 대한 반성*Reflection*

오늘 나에게 행복이 되어 준 감사*Thanks*

Date. 20   .   .

God bless you

선을 경험하면 선해지고, 악을 경험하면 악해진다.

If you experience good, you become good, and if you experience evil, you become evil.

이루고 싶은 오늘의 비전*Vision*

오늘을 살면서 누군가 또는 세상에 전한 사랑*Love*

오늘을 돌아보며 부족했던 점에 대한 반성*Reflection*

오늘 나에게 행복이 되어 준 감사*Thanks*

Date. 20 . .

God bless you

독서는 넓고 깊은 세계로 떠나는 여행이다.

Reading is a journey to a wide and deep world.

이루고 싶은 오늘의 비전*Vision*

오늘을 살면서 누군가 또는 세상에 전한 사랑*Love*

오늘을 돌아보며 부족했던 점에 대한 반성*Reflection*

오늘 나에게 행복이 되어 준 감사*Thanks*

Date. 20   .   .

God bless you

Miracle 270

사색이 없는 여행은 이동일 뿐이다.

A journey without contemplation is only a movements.

이루고 싶은 오늘의 비전*Vision*

오늘을 살면서 누군가 또는 세상에 전한 사랑*Love*

오늘을 돌아보며 부족했던 점에 대한 반성*Reflection*

오늘 나에게 행복이 되어 준 감사*Thanks*

Date. 20   .   .

God bless you

Miracle 271

가까이 사는 자녀가 효도한다.

The offspring who live near are filial piety.

이루고 싶은 오늘의 비전*Vision*

_____

_____

오늘을 살면서 누군가 또는 세상에 전한 사랑*Love*

_____

_____

오늘을 돌아보며 부족했던 점에 대한 반성*Reflection*

_____

_____

오늘 나에게 행복이 되어 준 감사*Thanks*

_____

_____

Date. 20   .   .

God bless you

행복한 사람은 순간순간 행복을 느낀다.

Happy people feel happy every moment.

이루고 싶은 오늘의 비전*Vision*

오늘을 살면서 누군가 또는 세상에 전한 사랑*Love*

오늘을 돌아보며 부족했던 점에 대한 반성*Reflection*

오늘 나에게 행복이 되어 준 감사*Thanks*

Date. 20   .   .

God bless you

진정한 부자는 나눔을 즐긴다.

The real rich enjoy sharing.

이루고 싶은 오늘의 비전*Vision*

_____

_____

오늘을 살면서 누군가 또는 세상에 전한 사랑*Love*

_____

_____

오늘을 돌아보며 부족했던 점에 대한 반성*Reflection*

_____

_____

오늘 나에게 행복이 되어 준 감사*Thanks*

_____

_____

Date. 20   .   .

God bless you

맡겨진 일에 충실한 사람은 애국자다.

He who is faithful to the task entrusted is a patriot.

이루고 싶은 오늘의 비전*Vision*

오늘을 살면서 누군가 또는 세상에 전한 **사랑***Love*

285

오늘을 돌아보며 부족했던 점에 대한 **반성***Reflection*

오늘 **나에게** 행복이 되어 준 **감사***Thanks*

Date. 20 . .

God bless you

Miracle 275

노인은 누군가의 소중한 부모님이시다.
The old man is someone's precious parents.

이루고 싶은 오늘의 비전*Vision*

오늘을 살면서 누군가 또는 세상에 전한 사랑*Love*

오늘을 돌아보며 부족했던 점에 대한 반성*Reflection*

오늘 나에게 행복이 되어 준 감사*Thanks*

Date. 20 . .

God bless you

Miracle 276

행운을 기다리는 사람은 열심히 일하지 않는다.

He who waits for good luck does not work hard.

이루고 싶은 오늘의 비전*Vision*

오늘을 살면서 누군가 또는 세상에 전한 사랑*Love*

287

오늘을 돌아보며 부족했던 점에 대한 반성*Reflection*

오늘 나에게 행복이 되어 준 감사*Thanks*

Date. 20 . .

God bless you

신문물을 배우면 노인도 신세대다.

The elderly are also a new generation when they learn new things.

이루고 싶은 오늘의 비전*Vision*

오늘을 살면서 누군가 또는 세상에 전한 사랑*Love*

오늘을 돌아보며 부족했던 점에 대한 반성*Reflection*

오늘 나에게 행복이 되어 준 감사*Thanks*

Date. 20 . .

God bless you

Miracle 278

인생 전성기는 바로 지금이다.

The best days of life are now.

이루고 싶은 오늘의 비전*Vision*

_____

_____

오늘을 살면서 누군가 또는 세상에 전한 사랑*Love*

_____

_____

오늘을 돌아보며 부족했던 점에 대한 반성*Reflection*

_____

_____

오늘 나에게 행복이 되어 준 감사*Thanks*

_____

_____

Date. 20 . .

God bless you

실력과 인성을 겸비하면 국보급 인재다.

If you combine skills and personality, you are a talent like a national treasure.

이루고 싶은 오늘의 비전*Vision*

_____

_____

오늘을 살면서 누군가 또는 세상에 전한 사랑*Love*

_____

_____

오늘을 돌아보며 부족했던 점에 대한 반성*Reflection*

_____

_____

오늘 나에게 행복이 되어 준 감사*Thanks*

_____

_____

Date. 20 . .

God bless you

Miracle 280

도량이 좁으면 쉽게 흥분한다.

A narrow mind makes you easily excited.

이루고 싶은 오늘의 비전*Vision*

_____

_____

오늘을 살면서 누군가 또는 세상에 전한 사랑*Love*

_____

_____

오늘을 돌아보며 부족했던 점에 대한 반성*Reflection*

_____

_____

오늘 나에게 행복이 되어 준 감사*Thanks*

_____

_____

Date. 20   .   .

God bless you

Miracle 281

술에 취하면 정신도 비틀거린다.
When drunk, the mind stumbles.

이루고 싶은 오늘의 비전*Vision*

오늘을 살면서 누군가 또는 세상에 전한 사랑*Love*

오늘을 돌아보며 부족했던 점에 대한 반성*Reflection*

오늘 나에게 행복이 되어 준 감사*Thanks*

Date. 20 . .

God bless you

국가의 글자는 국민의 정신이다.

The letter of the nation is the spirit of the people.

이루고 싶은 오늘의 비전*Vision*

오늘을 살면서 누군가 또는 세상에 전한 사랑*Love*

293

오늘을 돌아보며 부족했던 점에 대한 반성*Reflection*

오늘 나에게 행복이 되어 준 감사*Thanks*

Date. 20 . .

God bless you

예절은 인간관계를 지속시킨다.

Manners sustain relationships.

이루고 싶은 오늘의 비전*Vision*

오늘을 살면서 누군가 또는 세상에 전한 사랑*Love*

오늘을 돌아보며 부족했던 점에 대한 반성*Reflection*

오늘 나에게 행복이 되어 준 감사*Thanks*

Date. 20 . .

God bless you

Miracle 284

오르막은 느리고 내리막은 빠르다.

The uphill is slow and the downhill is fast.

이루고 싶은 오늘의 비전*Vision*

오늘을 살면서 누군가 또는 세상에 전한 사랑*Love*

오늘을 돌아보며 부족했던 점에 대한 반성*Reflection*

오늘 나에게 행복이 되어 준 감사*Thanks*

Date. 20   .   .

God bless you

Miracle 285

말을 아끼면 귀가 열심히 일한다.
If you don't talk much, your ears work hard.

이루고 싶은 오늘의 비전*Vision*

_____

_____

오늘을 살면서 누군가 또는 세상에 전한 사랑*Love*

_____

_____

오늘을 돌아보며 부족했던 점에 대한 반성*Reflection*

_____

_____

오늘 나에게 행복이 되어 준 감사*Thanks*

_____

_____

Date. 20 . .

God bless you

반성의 결과는 개선이어야 한다.

The result of reflection should be improvement.

이루고 싶은 오늘의 비전*Vision*

오늘을 살면서 누군가 또는 세상에 전한 사랑*Love*

오늘을 돌아보며 부족했던 점에 대한 반성*Reflection*

오늘 나에게 행복이 되어 준 감사*Thanks*

Date. 20 . .

God bless you

나쁜 지식인보다 착한 바보가 낫다.

Better a good fool than a bad intellectual.

이루고 싶은 오늘의 비전*Vision*

_____

_____

오늘을 살면서 누군가 또는 세상에 전한 사랑*Love*

_____

_____

오늘을 돌아보며 부족했던 점에 대한 반성*Reflection*

_____

_____

오늘 나에게 행복이 되어 준 감사*Thanks*

_____

_____

Date. 20 . .

God bless you

체육은 몸으로 배우는 즐거운 공부다.

Physical education is a fun study to learn with your body.

이루고 싶은 오늘의 비전*Vision*

오늘을 살면서 누군가 또는 세상에 전한 사랑*Love*

299

오늘을 돌아보며 부족했던 점에 대한 반성*Reflection*

오늘 나에게 행복이 되어 준 감사*Thanks*

Date. 20 . .

God bless you

용기 있는 사람이 먼저 손을 든다.

The courageous person raises his hand first.

이루고 싶은 오늘의 비전*Vision*

오늘을 살면서 누군가 또는 세상에 전한 사랑*Love*

오늘을 돌아보며 부족했던 점에 대한 반성*Reflection*

오늘 나에게 행복이 되어 준 감사*Thanks*

Date. 20   .   .

God bless you

지혜로운 비교는 성장과 행복을 이끈다.

A wise comparison leads to growth and happiness.

이루고 싶은 오늘의 비전*Vision*

오늘을 살면서 누군가 또는 세상에 전한 사랑*Love*

오늘을 돌아보며 부족했던 점에 대한 반성*Reflection*

오늘 나에게 행복이 되어 준 감사*Thanks*

Date. 20   .   .

God bless you

Miracle 291

지혜로운 비교는 성장과 행복을 이끈다.
A wise comparison leads to growth and happiness.

이루고 싶은 오늘의 비전*Vision*

오늘을 살면서 누군가 또는 세상에 전한 사랑*Love*

오늘을 돌아보며 부족했던 점에 대한 반성*Reflection*

오늘 나에게 행복이 되어 준 감사*Thanks*

Date. 20 .   .

God bless you

얼굴의 아름다움이 100점이면, 성격의 아름다움은 1,000점이다.

If the beauty of a face is 100, the beauty of a personality is 1,000.

이루고 싶은 오늘의 비전*Vision*

오늘을 살면서 누군가 또는 세상에 전한 사랑*Love*

303

오늘을 돌아보며 부족했던 점에 대한 반성*Reflection*

오늘 나에게 행복이 되어 준 감사*Thanks*

Date. 20 . .

God bless you

좋은 습관은 2세를 위한 훌륭한 유전자다.

A good habit is a great gene for a second generation.

이루고 싶은 오늘의 비전*Vision*

_____

_____

오늘을 살면서 누군가 또는 세상에 전한 사랑*Love*

_____

_____

오늘을 돌아보며 부족했던 점에 대한 반성*Reflection*

_____

_____

오늘 나에게 행복이 되어 준 감사*Thanks*

_____

_____

Date. 20 . .

God bless you

정의는 질서와 규칙이 지켜지는 세상에 있다.

Justice is in a world where order and rules are observed.

이루고 싶은 오늘의 비전*Vision*

오늘을 살면서 누군가 또는 세상에 전한 사랑*Love*

오늘을 돌아보며 부족했던 점에 대한 반성*Reflection*

오늘 나에게 행복이 되어 준 감사*Thanks*

Date. 20 . .

God bless you

맛있게 먹는 즐거움은 큰 즐거움이다.

The pleasure of eating deliciously is a great pleasure.

이루고 싶은 오늘의 비전*Vision*

오늘을 살면서 누군가 또는 세상에 전한 사랑*Love*

306

오늘을 돌아보며 부족했던 점에 대한 반성*Reflection*

오늘 나에게 행복이 되어 준 감사*Thanks*

Date. 20 . .

God bless you

사람과의 만남은 중요한 공부이자 비즈니스다.

Meeting people is an important study and business.

이루고 싶은 오늘의 비전*Vision*

오늘을 살면서 누군가 또는 세상에 전한 사랑*Love*

307

오늘을 돌아보며 부족했던 점에 대한 반성*Reflection*

오늘 나에게 행복이 되어 준 감사*Thanks*

Date. 20 . .

God bless you

처음은 서툴러도 지속하면 탁월해진다.

Even if you are clumsy at first, you will excel if you continue.

이루고 싶은 오늘의 비전*Vision*

_____

_____

오늘을 살면서 누군가 또는 세상에 전한 사랑*Love*

308

_____

_____

오늘을 돌아보며 부족했던 점에 대한 반성*Reflection*

_____

_____

오늘 나에게 행복이 되어 준 감사*Thanks*

_____

_____

Date. 20 . .

God bless you

영토는 억지와 분쟁으로 빼앗을 수 없다.

Territories cannot be taken away by deterrence and dispute.

이루고 싶은 오늘의 비전*Vision*

_____

_____

오늘을 살면서 누군가 또는 세상에 전한 사랑*Love*

_____

309

_____

오늘을 돌아보며 부족했던 점에 대한 반성*Reflection*

_____

_____

오늘 나에게 행복이 되어 준 감사*Thanks*

_____

_____

Date. 20 . .

God bless you

대화의 기술은 말하기보다 듣기에 있다.

The skills of conversation lies in listening rather than speaking.

이루고 싶은 오늘의 비전*Vision*

오늘을 살면서 누군가 또는 세상에 전한 사랑*Love*

오늘을 돌아보며 부족했던 점에 대한 반성*Reflection*

오늘 나에게 행복이 되어 준 감사*Thanks*

Date. 20   .   .

God bless you

약속 시간을 지키지 않는 사람은 시간 도둑이다.

A man who doesn't keep his appointment is a time thief.

이루고 싶은 오늘의 비전*Vision*

오늘을 살면서 누군가 또는 세상에 전한 사랑*Love*

311

오늘을 돌아보며 부족했던 점에 대한 반성*Reflection*

오늘 나에게 행복이 되어 준 감사*Thanks*

Date. 20 . .

God bless you

Miracle 301

못생긴 원숭이가 거울 탓을 한다.
The ugly monkey blames the mirror.

이루고 싶은 오늘의 비전*Vision*

_____

_____

오늘을 살면서 누군가 또는 세상에 전한 사랑*Love*

_____

_____

오늘을 돌아보며 부족했던 점에 대한 반성*Reflection*

_____

_____

오늘 나에게 행복이 되어 준 감사*Thanks*

_____

_____

Date. 20   .   .

God bless you

꿈이 있는 사람은 스스로 움직인다.

He who has a dream moves himself.

이루고 싶은 오늘의 비전*Vision*

오늘을 살면서 누군가 또는 세상에 전한 사랑*Love*

오늘을 돌아보며 부족했던 점에 대한 반성*Reflection*

오늘 나에게 행복이 되어 준 감사*Thanks*

Date. 20 . .

God bless you

Miracle **303**

애정이 식으면 단점만 보인다.

When affection cools, only the shortcomings are visible.

이루고 싶은 오늘의 비전*Vision*

_____

_____

오늘을 살면서 누군가 또는 세상에 전한 사랑*Love*

_____

_____

오늘을 돌아보며 부족했던 점에 대한 반성*Reflection*

_____

_____

오늘 나에게 행복이 되어 준 감사*Thanks*

_____

_____

Date. 20 . .

God bless you

Miracle 304

가을의 낙엽은 봄의 새잎을 준비한다.
Fall leaves prepare new leaves for spring.

이루고 싶은 오늘의 비전*Vision*

_____

_____

오늘을 살면서 누군가 또는 세상에 전한 사랑*Love*

_____

315

_____

오늘을 돌아보며 부족했던 점에 대한 반성*Reflection*

_____

_____

오늘 나에게 행복이 되어 준 감사*Thanks*

_____

_____

Date. 20 . .

God bless you

시도하지 않으면 실패도 없고 성취도 없다.

If you don't try, there is no failure and no achievement.

이루고 싶은 오늘의 비전*Vision*

오늘을 살면서 누군가 또는 세상에 전한 사랑*Love*

오늘을 돌아보며 부족했던 점에 대한 반성*Reflection*

오늘 나에게 행복이 되어 준 감사*Thanks*

Date. 20 . .

God bless you

철저히 계획된 거짓말도 허술하게 들통난다.

A thoroughly planned lie is also caught sloppy.

이루고 싶은 오늘의 비전*Vision*

_____

_____

오늘을 살면서 누군가 또는 세상에 전한 사랑*Love*

_____

_____

오늘을 돌아보며 부족했던 점에 대한 반성*Reflection*

_____

_____

오늘 나에게 행복이 되어 준 감사*Thanks*

_____

_____

Date. 20 . .

God bless you

봉사는 꽃보다 아름답고 권력보다 강하다.

Service is more beautiful than flowers and stronger than power.

이루고 싶은 오늘의 비전*Vision*

오늘을 살면서 누군가 또는 세상에 전한 사랑*Love*

오늘을 돌아보며 부족했던 점에 대한 반성*Reflection*

오늘 나에게 행복이 되어 준 감사*Thanks*

Date. 20   .   .

God bless you

교만은 사과의 마음을 가로막는다.

Arrogance interferes with the heart of apology.

이루고 싶은 오늘의 비전*Vision*

_____

_____

오늘을 살면서 누군가 또는 세상에 전한 **사랑***Love*

319

_____

_____

오늘을 돌아보며 부족했던 점에 대한 **반성***Reflection*

_____

_____

오늘 나에게 행복이 되어 준 **감사***Thanks*

_____

_____

Date. 20   .   .

God bless you

지나친 자존심은 교만이다.

Too much self - respect is arrogance.

이루고 싶은 오늘의 비전*Vision*

_____

_____

오늘을 살면서 누군가 또는 세상에 전한 사랑*Love*

_____

_____

오늘을 돌아보며 부족했던 점에 대한 반성*Reflection*

_____

_____

오늘 나에게 행복이 되어 준 감사*Thanks*

_____

_____

Date. 20   .   .

God bless you

Miracle **310**

좋은 목적이 멋진 목표를 만든다.

A good purpose makes a great goal.

이루고 싶은 오늘의 비전*Vision*

오늘을 살면서 누군가 또는 세상에 전한 사랑*Love*

오늘을 돌아보며 부족했던 점에 대한 반성*Reflection*

오늘 나에게 행복이 되어 준 감사*Thanks*

Date. 20   .   .

God bless you

Miracle 311

감사의 말을 계속하면 삶은 감사로 넘친다.
Life is full of gratitude if you continue to say thank you.

이루고 싶은 오늘의 비전*Vision*

오늘을 살면서 누군가 또는 세상에 전한 사랑*Love*

322

오늘을 돌아보며 부족했던 점에 대한 반성*Reflection*

오늘 나에게 행복이 되어 준 감사*Thanks*

Date. 20   .   .

God bless you

알고도 지은 죄는 용서받기 어렵다.

A crime committed by knowing is hard to forgive.

이루고 싶은 오늘의 비전*Vision*

오늘을 살면서 누군가 또는 세상에 전한 사랑*Love*

323

오늘을 돌아보며 부족했던 점에 대한 반성*Reflection*

오늘 나에게 행복이 되어 준 감사*Thanks*

Date. 20 . .

Miracle **313**

험담은 내 영혼을 먼저 더럽힌다.

To speak ill of someone makes my soul dirty first.

이루고 싶은 오늘의 비전*Vision*

_____

_____

오늘을 살면서 누군가 또는 세상에 전한 사랑*Love*

_____

_____

오늘을 돌아보며 부족했던 점에 대한 반성*Reflection*

_____

_____

오늘 나에게 행복이 되어 준 감사*Thanks*

_____

_____

Date. 20 .　 .

God bless you

Miracle 314

전쟁 중에도 꽃이 피고 아기가 태어난다.

Even in war, flowers bloom and babies are born.

이루고 싶은 오늘의 비전*Vision*

오늘을 살면서 누군가 또는 세상에 전한 사랑*Love*

오늘을 돌아보며 부족했던 점에 대한 반성*Reflection*

오늘 나에게 행복이 되어 준 감사*Thanks*

Date. 20 . .

God bless you

Miracle **315**

농민의 수고와 정성은 국민의 건강이 된다.

The hard work and sincerity of the farmers become the health of the people.

이루고 싶은 오늘의 비전*Vision*

_____

_____

오늘을 살면서 누군가 또는 세상에 전한 사랑*Love*

_____

_____

오늘을 돌아보며 부족했던 점에 대한 반성*Reflection*

_____

_____

오늘 나에게 행복이 되어 준 감사*Thanks*

_____

_____

Date. 20   .   .

God bless you

Miracle 316

진흙 속에서 피어난 꽃이 더 아름답다.

The flowers blooming in the mud are more beautiful.

이루고 싶은 오늘의 비전*Vision*

오늘을 살면서 누군가 또는 세상에 전한 사랑*Love*

오늘을 돌아보며 부족했던 점에 대한 반성*Reflection*

오늘 나에게 행복이 되어 준 감사*Thanks*

Date. 20   .   .

God bless you

Miracle 317

거친 산이 위대한 산악인을 만든다.

Rough mountains make great mountaineers.

이루고 싶은 오늘의 비전*Vision*

오늘을 살면서 누군가 또는 세상에 전한 사랑*Love*

오늘을 돌아보며 부족했던 점에 대한 반성*Reflection*

오늘 나에게 행복이 되어 준 감사*Thanks*

Date. 20   .   .

God bless you

Miracle 318

새벽에 일어나면 반나절을 더 산다.

You live another half day when you wake up at dawn.

이루고 싶은 오늘의 비전*Vision*

오늘을 살면서 누군가 또는 세상에 전한 사랑*Love*

오늘을 돌아보며 부족했던 점에 대한 반성*Reflection*

오늘 나에게 행복이 되어 준 감사*Thanks*

Date. 20 . .

God bless you

약점이 강점이 될 수도 있다.

Weakness can also be a strength.

이루고 싶은 오늘의 비전*Vision*

오늘을 살면서 누군가 또는 세상에 전한 사랑*Love*

330

오늘을 돌아보며 부족했던 점에 대한 반성*Reflection*

오늘 나에게 행복이 되어 준 감사*Thanks*

Date. 20 . .

God bless you

Miracle 320

자기 사랑은 이웃 사랑의 연습이 된다.

Self - love becomes an exercise of neighborhood love.

이루고 싶은 오늘의 비전*Vision*

오늘을 살면서 누군가 또는 세상에 전한 사랑*Love*

오늘을 돌아보며 부족했던 점에 대한 반성*Reflection*

오늘 나에게 행복이 되어 준 감사*Thanks*

Date. 20   .   .

God bless you

Miracle 321

생각이 짧으면 덜 익은 말이 나온다.

A short thought leads to an undercooked word.

이루고 싶은 오늘의 비전*Vision*

_____

_____

오늘을 살면서 누군가 또는 세상에 전한 사랑*Love*

_____

_____

오늘을 돌아보며 부족했던 점에 대한 반성*Reflection*

_____

_____

오늘 나에게 행복이 되어 준 감사*Thanks*

_____

_____

Date. 20 . .

God bless you

Miracle 322

힘없는 자의 목소리는 공허하다.
The voice of the powerless is hollow.

이루고 싶은 오늘의 비전*Vision*

_____

_____

오늘을 살면서 누군가 또는 세상에 전한 사랑*Love*

_____

_____

오늘을 돌아보며 부족했던 점에 대한 반성*Reflection*

_____

_____

오늘 나에게 행복이 되어 준 감사*Thanks*

_____

_____

Date. 20   .   .

God bless you

유년기의 학대는 성인이 되어도 아프다.

Childhood abuse is painful even in adulthood.

이루고 싶은 오늘의 비전*Vision*

_____

_____

오늘을 살면서 누군가 또는 세상에 전한 사랑*Love*

_____

_____

오늘을 돌아보며 부족했던 점에 대한 반성*Reflection*

_____

_____

오늘 나에게 행복이 되어 준 감사*Thanks*

_____

_____

Date. 20 . .

God bless you

Miracle 324

현명한 선택들이 성공한 인생을 만든다.

Wise choices make a successful life.

이루고 싶은 오늘의 비전*Vision*

오늘을 살면서 누군가 또는 세상에 전한 사랑*Love*

오늘을 돌아보며 부족했던 점에 대한 반성*Reflection*

오늘 나에게 행복이 되어 준 감사*Thanks*

Date. 20 . .

God bless you

Miracle 325

사랑으로 꾸짖는 것은 약이다.
Scolding with love is medicine.

이루고 싶은 오늘의 비전*Vision*

오늘을 살면서 누군가 또는 세상에 전한 사랑*Love*

오늘을 돌아보며 부족했던 점에 대한 반성*Reflection*

오늘 나에게 행복이 되어 준 감사*Thanks*

Date. 20   .   .

God bless you

Miracle 326

뿌리는 꽃과 열매의 숨은 공로자다.

Roots are hidden contributors to flowers and berries.

이루고 싶은 오늘의 비전*Vision*

오늘을 살면서 누군가 또는 세상에 전한 사랑*Love*

오늘을 돌아보며 부족했던 점에 대한 반성*Reflection*

오늘 나에게 행복이 되어 준 감사*Thanks*

Date. 20 . .

God bless you

감사하는 삶에 천국이 있다.

There is heaven in a grateful life.

이루고 싶은 오늘의 **비전***Vision*

오늘을 살면서 누군가 또는 세상에 전한 사랑*Love*

오늘을 돌아보며 부족했던 점에 대한 반성*Reflection*

오늘 나에게 행복이 되어 준 감사*Thanks*

Date. 20   .   .

God bless you

삶의 농장에서는 뿌린 것보다 훨씬 더 거둔다.

On the farm of life, you reap far more than you sow.

이루고 싶은 오늘의 비전*Vision*

오늘을 살면서 누군가 또는 세상에 전한 사랑*Love*

오늘을 돌아보며 부족했던 점에 대한 반성*Reflection*

오늘 나에게 행복이 되어 준 감사*Thanks*

Date. 20 . .

God bless you

노력 없이 쌓은 부는 도둑질과 다름없다.

Wealth accumulated without effort is nothing short of theft.

이루고 싶은 오늘의 비전*Vision*

오늘을 살면서 누군가 또는 세상에 전한 사랑*Love*

오늘을 돌아보며 부족했던 점에 대한 반성*Reflection*

오늘 나에게 행복이 되어 준 감사*Thanks*

Date. 20 . .

God bless you

Miracle 330

걱정이 많은 사람은 모든 것을 걱정한다.

People who worry a lot worry about everything.

이루고 싶은 오늘의 비전*Vision*

오늘을 살면서 누군가 또는 세상에 전한 사랑*Love*

오늘을 돌아보며 부족했던 점에 대한 반성*Reflection*

오늘 나에게 행복이 되어 준 감사*Thanks*

Date. 20 . .

God bless you

Miracle 331

싸움 구경은 못난 마음의 증거다.

Watching fights is proof of an ugly mind.

이루고 싶은 오늘의 비전*Vision*

오늘을 살면서 누군가 또는 세상에 전한 사랑*Love*

오늘을 돌아보며 부족했던 점에 대한 반성*Reflection*

오늘 나에게 행복이 되어 준 감사*Thanks*

Date. 20   .   .

God bless you

재물이 쌓일수록 만족은 줄고 욕심은 커진다.

As wealth accumulates, satisfaction decreases and greed increases.

이루고 싶은 오늘의 비전*Vision*

오늘을 살면서 누군가 또는 세상에 전한 사랑*Love*

오늘을 돌아보며 부족했던 점에 대한 반성*Reflection*

오늘 나에게 행복이 되어 준 감사*Thanks*

Date. 20 . .

God bless you

화가 날수록 낮은 목소리로 말하는 것이 좋다.

The angrier you are, the better you speak in a low voice.

이루고 싶은 오늘의 비전*Vision*

_____

_____

오늘을 살면서 누군가 또는 세상에 전한 사랑*Love*

344

_____

_____

오늘을 돌아보며 부족했던 점에 대한 반성*Reflection*

_____

_____

오늘 나에게 행복이 되어 준 감사*Thanks*

_____

_____

Date. 20 . .

God bless you

돌멩이라도 갈고 닦으면 보물이 된다.

Even if it is a stone, it becomes a treasure when it is grinded and polished.

이루고 싶은 오늘의 비전*Vision*

오늘을 살면서 누군가 또는 세상에 전한 사랑*Love*

345

오늘을 돌아보며 부족했던 점에 대한 반성*Reflection*

오늘 나에게 행복이 되어 준 감사*Thanks*

Date. 20 . .

God bless you

Miracle **335**

책의 주인은 저자가 아니라 독자다.

The owner of the book is not a writer but a reader.

이루고 싶은 오늘의 비전*Vision*

오늘을 살면서 누군가 또는 세상에 전한 사랑*Love*

오늘을 돌아보며 부족했던 점에 대한 반성*Reflection*

오늘 나에게 행복이 되어 준 감사*Thanks*

Date. 20 . .

God bless you

숨은 인재는 때가 되면 무대에 오른다.

Hidden talent comes on stage in due course.

이루고 싶은 오늘의 비전*Vision*

_____

_____

오늘을 살면서 누군가 또는 세상에 전한 사랑*Love*

_____

_____

오늘을 돌아보며 부족했던 점에 대한 반성*Reflection*

_____

_____

오늘 나에게 행복이 되어 준 감사*Thanks*

_____

_____

Date. 20   .   .

God bless you

검소함은 절약과 절제로 피는 풍요의 꽃이다.

Simplicity is the flower of abundance that blooms with thrift and moderation.

이루고 싶은 오늘의 비전*Vision*

_____

_____

오늘을 살면서 누군가 또는 세상에 전한 사랑*Love*

348

_____

_____

오늘을 돌아보며 부족했던 점에 대한 반성*Reflection*

_____

_____

오늘 나에게 행복이 되어 준 감사*Thanks*

_____

_____

Date. 20 . .

God bless you

Miracle 338

천천히 그러나 꾸준히.
Slowly but steadily.

이루고 싶은 오늘의 비전*Vision*

오늘을 살면서 누군가 또는 세상에 전한 사랑*Love*

오늘을 돌아보며 부족했던 점에 대한 반성*Reflection*

오늘 나에게 행복이 되어 준 감사*Thanks*

Date. 20 . .

God bless you

Miracle 339

진정한 봉사는 요란하지 않다.

The real service is not noisy.

이루고 싶은 오늘의 비전*Vision*

오늘을 살면서 누군가 또는 세상에 전한 사랑*Love*

오늘을 돌아보며 부족했던 점에 대한 반성*Reflection*

오늘 나에게 행복이 되어 준 감사*Thanks*

Date. 20   .   .

God bless you

습관적으로 의지하면 홀로서기 어렵다.

It's hard to stand alone if you rely on it habitually.

이루고 싶은 오늘의 비전*Vision*

_____

_____

오늘을 살면서 누군가 또는 세상에 전한 **사랑***Love*

_____

_____

오늘을 돌아보며 부족했던 점에 대한 **반성***Reflection*

_____

_____

오늘 나에게 행복이 되어 준 감사*Thanks*

_____

_____

Date. 20 . .

God bless you

좋은 친구는 함께 울고 함께 기뻐한다.

A good friend cries together and rejoices together.

이루고 싶은 오늘의 비전*Vision*

오늘을 살면서 누군가 또는 세상에 전한 사랑*Love*

오늘을 돌아보며 부족했던 점에 대한 반성*Reflection*

오늘 나에게 행복이 되어 준 감사*Thanks*

Date. 20 . .

God bless you

Miracle 342

말이 많은 사람은 경청하기 어렵다.
It is difficult for a talkative person to listen.

이루고 싶은 오늘의 비전*Vision*

오늘을 살면서 누군가 또는 세상에 전한 사랑*Love*

353

오늘을 돌아보며 부족했던 점에 대한 반성*Reflection*

오늘 나에게 행복이 되어 준 감사*Thanks*

Date. 20   .   .

God bless you

미소는 닫힌 마음을 쉽게 연다.

A smile opens a closed mind easily.

이루고 싶은 오늘의 비전*Vision*

오늘을 살면서 누군가 또는 세상에 전한 사랑*Love*

354

오늘을 돌아보며 부족했던 점에 대한 반성*Reflection*

오늘 나에게 행복이 되어 준 감사*Thanks*

Date. 20 . .

God bless you

Miracle 344

가난은 게으름에 대한 회초리다.

Poverty is a whip for laziness.

이루고 싶은 오늘의 비전*Vision*

오늘을 살면서 누군가 또는 세상에 전한 사랑*Love*

오늘을 돌아보며 부족했던 점에 대한 반성*Reflection*

오늘 나에게 행복이 되어 준 감사*Thanks*

Date. 20 . .

God bless you

자랑을 많이 하면 사람들이 떠난다.

If you brag a lot, people leave.

이루고 싶은 오늘의 비전 *Vision*

_____

_____

오늘을 살면서 누군가 또는 세상에 전한 사랑 *Love*

356

_____

_____

오늘을 돌아보며 부족했던 점에 대한 반성 *Reflection*

_____

_____

오늘 나에게 행복이 되어 준 감사 *Thanks*

_____

_____

Date. 20 . .

God bless you

Miracle 346

탐욕은 고매한 정신을 흐리게 한다.

Greed blurs the noble spirit.

이루고 싶은 오늘의 비전*Vision*

오늘을 살면서 누군가 또는 세상에 전한 사랑*Love*

357

오늘을 돌아보며 부족했던 점에 대한 반성*Reflection*

오늘 나에게 행복이 되어 준 감사*Thanks*

Date. 20 . .

God bless you

유창한 말에는 속임수도 들어 있다.

There is also a trick in fluent speech.

이루고 싶은 오늘의 비전*Vision*

오늘을 살면서 누군가 또는 세상에 전한 사랑*Love*

358

오늘을 돌아보며 부족했던 점에 대한 반성*Reflection*

오늘 나에게 행복이 되어 준 감사*Thanks*

Date. 20 . .

God bless you

Miracle 348

미래는 현재가 낳는다.

The future is born in the present.

이루고 싶은 오늘의 비전*Vision*

오늘을 살면서 누군가 또는 세상에 전한 사랑*Love*

359

오늘을 돌아보며 부족했던 점에 대한 반성*Reflection*

오늘 나에게 행복이 되어 준 감사*Thanks*

Date. 20 . .

God bless you

Miracle 349

당신이 포기하고 싶을 때, 결실은 가까이에 있다.
When you want to give up, the fruit is nearby.

이루고 싶은 오늘의 비전*Vision*

오늘을 살면서 누군가 또는 세상에 전한 사랑*Love*

오늘을 돌아보며 부족했던 점에 대한 반성*Reflection*

오늘 나에게 행복이 되어 준 감사*Thanks*

Date. 20 . .

God bless you

Miracle **350**

위기는 기회와 함께 온다.

Crisis comes with opportunity.

이루고 싶은 오늘의 비전*Vision*

오늘을 살면서 누군가 또는 세상에 전한 사랑*Love*

오늘을 돌아보며 부족했던 점에 대한 반성*Reflection*

오늘 나에게 행복이 되어 준 감사*Thanks*

Date. 20   .   .

God bless you

즐기지 못하면 그것의 노예가 된다.

If you don't enjoy it, you become a slave to it.

이루고 싶은 오늘의 비전*Vision*

오늘을 살면서 누군가 또는 세상에 전한 사랑*Love*

오늘을 돌아보며 부족했던 점에 대한 반성*Reflection*

오늘 나에게 행복이 되어 준 감사*Thanks*

Date. 20 . .

God bless you

운이 좋다고 생각해야 운이 온다.

You have to think you're lucky to get lucky.

이루고 싶은 오늘의 비전*Vision*

오늘을 살면서 누군가 또는 세상에 전한 사랑*Love*

363

오늘을 돌아보며 부족했던 점에 대한 반성*Reflection*

오늘 나에게 행복이 되어 준 감사*Thanks*

Date. 20 . .

God bless you

변명하는 대신 뒤돌아봐야 한다.

Instead of making excuses, we should look back.

이루고 싶은 오늘의 비전*Vision*

오늘을 살면서 누군가 또는 세상에 전한 사랑*Love*

오늘을 돌아보며 부족했던 점에 대한 반성*Reflection*

오늘 나에게 행복이 되어 준 감사*Thanks*

Date. 20 . .

God bless you

결혼은 인생에서 가장 가치 있는 여행이다.

Marriage is the most valuable journey in life.

이루고 싶은 오늘의 비전*Vision*

_____

_____

오늘을 살면서 누군가 또는 세상에 전한 사랑*Love*

_____

365

_____

오늘을 돌아보며 부족했던 점에 대한 반성*Reflection*

_____

_____

오늘 나에게 행복이 되어 준 감사*Thanks*

_____

_____

Date. 20 . .

God bless you

Miracle 355

유혹을 이기지 않고는 성공이 없다.

There is no success without overcoming temptation.

이루고 싶은 오늘의 비전*Vision*

오늘을 살면서 누군가 또는 세상에 전한 사랑*Love*

오늘을 돌아보며 부족했던 점에 대한 반성*Reflection*

오늘 나에게 행복이 되어 준 감사*Thanks*

Date. 20 . .

God bless you

Miracle 356

밤이 깊을수록 별은 빛난다.

The deeper the night, the brighter the stars shine.

이루고 싶은 오늘의 비전*Vision*

오늘을 살면서 누군가 또는 세상에 전한 사랑*Love*

오늘을 돌아보며 부족했던 점에 대한 반성*Reflection*

오늘 나에게 행복이 되어 준 감사*Thanks*

Date. 20   .   .

God bless you

유머는 의사소통의 양념이다.

Humor is the seasoning of communication.

이루고 싶은 오늘의 비전*Vision*

_____

_____

오늘을 살면서 누군가 또는 세상에 전한 사랑*Love*

368

_____

_____

오늘을 돌아보며 부족했던 점에 대한 반성*Reflection*

_____

_____

오늘 나에게 행복이 되어 준 감사*Thanks*

_____

_____

God bless you

고수는 여유롭고, 하수는 분주하다.

Superior is relaxed and inferior is busy.

이루고 싶은 오늘의 비전*Vision*

오늘을 살면서 누군가 또는 세상에 전한 사랑*Love*

369

오늘을 돌아보며 부족했던 점에 대한 반성*Reflection*

오늘 나에게 행복이 되어 준 감사*Thanks*

Date. 20 . .

God bless you

위대한 탄생은 위대한 역사다.

A great birth is a great history.

이루고 싶은 오늘의 비전*Vision*

오늘을 살면서 누군가 또는 세상에 전한 사랑*Love*

오늘을 돌아보며 부족했던 점에 대한 반성*Reflection*

오늘 나에게 행복이 되어 준 감사*Thanks*

Date. 20 . .

God bless you

눈송이는 약하지만 눈덩이는 강하다.

Snowflakes are weak but snowballs are strong.

이루고 싶은 오늘의 비전*Vision*

오늘을 살면서 누군가 또는 세상에 전한 사랑*Love*

371

오늘을 돌아보며 부족했던 점에 대한 반성*Reflection*

오늘 나에게 행복이 되어 준 감사*Thanks*

Date. 20 . .

God bless you

Miracle **361**

질문은 강한 열정의 증거다.

Questions are proof of strong enthusiasm.

이루고 싶은 오늘의 비전*Vision*

오늘을 살면서 누군가 또는 세상에 전한 사랑*Love*

372

오늘을 돌아보며 부족했던 점에 대한 반성*Reflection*

오늘 나에게 행복이 되어 준 감사*Thanks*

Date. 20 . .

God bless you

Miracle 362

생명의 가치는 호흡이 아니라 활동에 있다.

The value of life lies not in breathing but in activities.

이루고 싶은 오늘의 비전*Vision*

_____

_____

오늘을 살면서 누군가 또는 세상에 전한 사랑*Love*

_____

_____

오늘을 돌아보며 부족했던 점에 대한 반성*Reflection*

_____

_____

오늘 나에게 행복이 되어 준 감사*Thanks*

_____

_____

Date. 20   .   .

God bless you

Miracle **363**

추운 겨울은 따뜻한 봄을 준비한다.

Cold winter prepares for warm spring.

이루고 싶은 오늘의 비전*Vision*

오늘을 살면서 누군가 또는 세상에 전한 사랑*Love*

374

오늘을 돌아보며 부족했던 점에 대한 반성*Reflection*

오늘 나에게 행복이 되어 준 감사*Thanks*

Date. 20 . .

God bless you

Miracle 364

개척자의 발자국은 누군가의 길이 된다.

A pioneer's footprint becomes someone's path.

이루고 싶은 오늘의 비전*Vision*

오늘을 살면서 누군가 또는 세상에 전한 사랑*Love*

오늘을 돌아보며 부족했던 점에 대한 반성*Reflection*

오늘 나에게 행복이 되어 준 감사*Thanks*

Date. 20   .   .

God bless you

Miracle **365**

끝은 새로운 시작이다.
The end is a new beginning.

이루고 싶은 오늘의 비전*Vision*

_____

_____

오늘을 살면서 누군가 또는 세상에 전한 사랑*Love*

_____

_____

오늘을 돌아보며 부족했던 점에 대한 반성*Reflection*

_____

_____

오늘 나에게 행복이 되어 준 감사*Thanks*

_____

_____

Date. 20 . .

God bless you

Impressions

소감

『미라클 365』의 완주를 통해

여러분이 경험한 변화와 성장의 기적을

지난 1년의 기록을 회상하며 적어 보세요.

God bless you

Epilogue

에필로그

누구나 동경할 만한
멋진 인생을 꿈꾸시나요?

그럼 오늘

벽돌 한 장을 쌓아야 합니다.

하루하루 매일의 벽돌이 쌓여

마침내 내가 바라던

멋진 인생의 건축물이 완성됩니다.

달과 별에 설렘으로 달아 놓은 비전은

'언제 이룰까?' 멀게만 느껴지지만

매일의 비전을 벽돌처럼 쌓아가다 보면

어느새 달과 별에 달린 큰 비전에 다다르게 됩니다.

매일의 작은 비전들을 성취하고 기록해가면서

미래의 멋진 비전들과 생생하게 연결해보세요.

날마다 사람과 세상을 향해 전한 사랑을 적어가면서

가족과 이웃, 나라와 인류를 향해 선과 덕을 쌓아보세요.

하루하루 자신을 돌아보고 개선하는 노력을 써가면서

날로 날로 성장하는 뿌듯한 성숙을 마음껏 느껴보세요.

기쁨에도, 슬픔에도 감사하는 은혜의 삶을 기록하면서

감사가 끌어당기는 축복의 삶을 경험해보세요.

여러분은 멋진 기적의 주인공이 되어갈 것입니다.

Thanks
감사의 글

380

◆ 먼저, 하나님께 감사를 드립니다. 부족한 능력을 샘솟는 지혜로 채워주시고, 시작과 인내의 황량한 길에서 처음부터 끝까지 인도하신 주님께 모든 영광을 올려드립니다.

◆ 존경하고 사랑하는 어머니, 막내아들의 가는 길을 변함없는 사랑과 조건 없는 배려로 응원해주시고 기대의 마음으로 바라봐주시니 감사합니다.

◆ 사랑하는 아내 장승연, 부모를 흐뭇하게 하는 모범생 아들 허겸, 존재만으로도 아빠를 웃음 짓게 하는 딸 허본에게 사랑과 고마움을 전합니다.

◆ 출판의 바쁜 일정 가운데에서도 늘 웃음으로 대화를 나누어주시고 출판의 동역자가 되어 주신 양옥매 대표님과 책과나무 출판사에 감사를 드립니다.

◆ 365개의 격언을 쓰는데 도움을 준 하늘과 바다와 바람 그리고 나무와 꽃들과 물고기들에게도 감사의 마음을 전합니다.

2022년 가을이 익어가는 날에

미라클 365

초판 1쇄 인쇄일 2022년 11월 10일
초판 1쇄 발행일 2022년 11월 29일

지은이 허대중
펴낸이 양옥매
디자인 송다희 표지혜

펴낸곳 도서출판 책과나무
출판등록 제2012-000376
주소 서울특별시 마포구 방울내로 79 이노빌딩 302호
대표전화 02.372.1537 **팩스** 02.372.1538
이메일 booknamu2007@naver.com
홈페이지 www.booknamu.com
ISBN 979-11-6752-218-4 (03190)